THE SERIES
OF FRONTIER
科技前沿书系
SCIENCE
&
TECHNOLOGY

高速公路

——社会经济的快车道

陈传德　著
郗恩崇　审

山西出版传媒集团
山西教育出版社

引 言

曾有学者指出，一个国家的繁荣昌盛主要有两个标志：一是繁忙的工农业生产，二是繁忙的交通运输。在由公路、铁路、航空、水路和管道运输组成的五大运输方式中，惟有公路运输可以实现“门到门”的直达运输，并且其他运输方式一般都需要通过公路运输进行集散。如果把其他运输方式看成是线上的运输，则通过公路运输方式可以实现面上的运输。高速公路作为现代交通的标志，它在发挥“门到门”直达运输优势的基础上，具有行车速度快、交通流量大的特点，是解决我国交通运输问题的有效途径。

从已经建成的高速公路来看，对促进沿线工农业发展，地区产业结构优化，高新技术产业兴起及服务业、旅游业等方面具有巨大作用。1993 年沈大高速公路开通仅两年时间，沿线沈阳、辽阳、鞍山营口、大连五市的 GDP 占全省的比重就比高速公路通车前提高 6.4 个百分点。京津塘高速公路北京段的 GDP 比通车前年均增长 17.7%，通车后三年 GDP 年均增长上升到 27.8%；天津段通车前 GDP 年均增长 26.1%，通车后两年 GDP 年增长率上升到 36.6%。1986 年至 1988 年，沪嘉高速公路通车前，沿线

GDP 年均增长率为 17.5%，通车后五年 GDP 年均增长率上 1 升到 24.8%。虽然经济增长速度的加快受多种因素的影响，但从上面的事例可以看出，高速公路的作用是明显而巨大的。

如果说上面的数字枯燥无味，下面的事例可以说明高速公路给人民经济生活带来的变化。广西第一条高速公路——桂林至柳州高速公路 1997 年 5 月 1 日通车后，不仅给广西带来了经济效益，而且给人们的观念带来了新的突破。从桂林到柳州出差或探亲访友，购买了车票，在桂林汽车客运站的空调候车室里稍候便可登车，豪华大巴干净、舒适、准时。一路上，“巴士小姐”服务周到，两小时多一点便可到达柳州。从事桂柳高速公路营运的三家高速公路客运有限公司，每隔 20 分钟便从桂林和柳州对发一班客车，每天发车双向 72 个班次。安全舒适快捷方便的行车，吸引了大量的旅客。运行第一年，三家公司运送旅客 65 万多人次，创利润 560 多万元，客车实载率达到 75% 至 80%，这是广西任何普通客运企业都无法比拟的。

由于桂柳高速公路比老路缩短里程 72 公里，运行时间由原来的 5 小时至 6 小时缩短至 2 小时，使通过桂柳段的 90% 的货车、小型车辆被吸引到高速公路上来，从而使这条公路的车流量逐月增加，从开通时的每天 3000 多车次增加到现在的 60000 多车次，已初步显现出高速公路通过能力大、回收效益好的特点。

高速公路的效益是多方面的，除具有明显的社会经济效益和运输企业效益之外，在推动经济布局合理化、催生产业带、城镇带（群），促进地区经济繁荣和区域经济协调发展上具有不可替代的作用。高速公路通车后，人流、物流、信息流快速增长，在一定程度改变了人们的传统观念。高速公路在创造物质文明的同时，也带动了精神文明的发展。

高速公路的效益显著，高速公路的科技含量也相当高，它是多学科研究成果相互渗透的结晶。建筑工程、岩土工程、材料工程、地质工程、机械工程、自动控制工程、运输工程、环境工程等领域的研究成果，都可能运用到高速公路建设之中。本书力求运用通俗的文字介绍高速公路施工、营运、使用中的诸多问题，并对高速公路的发展趋势进行了展望，让读者对日益走进我们生活的高速公路有一个较为全面的了解，并且能够有效地利用高速公路，真正让高速公路成为我们经济生活中不可或缺的一部分。

尽管本书作为科普读物出版，但这并不意味着可以降低写作质量。相反，把深奥的科技知识深入浅出地介绍给广大读者确实不易，它比其他科技著作的写作需要花费更大的精力。为此，笔者参阅了不少中外文献，请教了多方面的专家，请他们提出了许多宝贵的意见。在此要感谢西安公路交通大学的郗恩崇教授，中国科学院自然科学史研究所的苏荣誉研究员、李劲松、李小娟同志陕西省高等级公路管理局的董邦耀同志及参考文献所列的著作者，目的就是让这本书更有可读性和启发性。由于多年的书卷气和对科普读物写作经济的不足，取材上、表达方式上的不当之处的在所难免，恳请读者批评指正。

目 录

一

应运而生

——高速公路的发展历程

台湾著名学者陈精微先生指出:“象征国家的繁荣伟大有三个标志:第一是肥沃的土地;第二是生产繁忙的工厂;第三是人与物的频繁输送。”现代运输是由铁路、公路、水运、航空和管道5种运输方式组合而成的大系统,其中惟有公路运输可以实现“门到门”的运输,不需要中途周转。而其他几种运输方式常常需要公路运输的配合,才能把“线上的运输”扩展到“面上的运输”。作为现代公路的标志——高速公路,具有通过量大、快速安全、设备完善、运输成本低、经济效益高等特点和优势。世界交通运输业的发展历程表明,虽然水路、铁路出现在先,高速公路问世于后,但高速公路的发展速度却异常迅猛,大大超过水路和铁路。美、英、德、比、荷、法、意、日、韩、泰等国的经验表明,若要国家富裕必先发展经济,发展经济当以发展高速公路为先务。

1. 何为高速公路

现在国际上还没有一个公认的关于高速公路的定义,这是因为高速公路有一个发展过程,而且各国的情况也不尽相同。但是,一般认为高速公路应符合以下4个条件。

高速公路是供汽车行驶的汽车专用公路，不允许非机动车辆及行人使用。

高速公路设有中央分隔带，将往返车辆完全隔开。

高速公路与铁路、公路及其他运输通道都是立体交叉的，不存在一般公路平面交叉的横向干扰。

高速公路采用完全封闭式结构，全部控制出入口，只允许汽车在规定的交叉口进出高速公路。

由于高速公路的这些特征，汽车在高速公路上行驶，不必担心来自横向或对面的干扰，从而保证了汽车的高速、安全行驶。

高速公路的名称各国也不统一。欧洲多数国家称为“汽车公路”、“汽车专用公路”，如：英国 motorway；法国 autorute；德国 autoba；意大利 autostrata；瑞典称快速公路 expressway。美国早期称为 superhighway，对收费公路称为 tollroad，早期曾称为 turnpike，1968 年统一称为 expressway（部分控制出入的快速公路）；freeway（全部控制出入的自由公路）和 parkway（公园路）三类。日本在初期称“自动车道”，50 年代后改称“高速公路”。

我国现行《公路工程技术标准》（JTJ001－97）规定，高速公路为供汽车分向、分车道行驶并全部控制出入的干线公路。四车道高速公路一般能适应将各种汽车折合成小客车的年平均昼夜交通量为 2.5 万辆～5.5 万辆；六车道高速公路一般能适应将各种汽车折合成小客车的年平均昼夜交通量为 4.5 万辆～8 万辆；八车道高速公路一般能适应将各种汽车折合成小客车的年平均昼夜交通量为 6 万辆～10 万辆。

我国高速公路的计算（设计）行车速度一般采用 120 千米/小时，当受条件限制时，可选用 100 千米/小时或 80 千米/小时。对个别特殊困难路段，允许采用 60 千米/小时，但应经过技术经济论证。

我国高速公路的主要技术指标如表 1—1 所示。

表1—1 高速公路的主要技术指标

设计车速(km/h)	行车道宽度(m)			最小平曲线半径(m)		停车视距(m)*	最大纵坡(%)
	八车道	六车道	四车道	极限值	一般值		
120	2×15	2×11.25	2×7.5	650	1000	210	3
100	—	—	2×7.5	400	700	160	4
80	—	—	2×7.5	250	400	110	5
60	—	—	2×7.0	125	200	75	5

* 停车视距：汽车发现前方有障碍物时，采取制动措施后，能够在障碍物前停住的最短距离。

高速公路与一般公路相比具有如下优点：

由于高速公路供汽车专用、采用封闭与立体交叉的形式，线形标准高，行车无纵向和横向干扰，因而提高了车辆行驶速度。设计车速(指在气候正常，交通密度小，一般驾驶员安全顺适地行驶的最大车速)为60千米/小时至120千米/小时。在实践中，最高时速可能超过120千米/小时，比普通公路高出60%至70%。

通行能力大。通行能力反映公路允许通过汽车数量的多少，与行车速度、车流密度有关。据统计，一般双车道公路的通行能力约为5000辆/昼夜至6000辆/昼夜；而一条四车道的高速公路通行能力可达3400辆/昼夜至5万辆/昼夜，六车道和八车道的通行能力可达7万辆/昼夜至10万辆/昼夜。可见高速公路的通行能力比一般公路成几倍甚至几十倍地增加。由于通行能力大，运输能力也显著提高，它可以保证车辆在高峰时间流畅通行，从根本上解决了交通拥塞的现象。

行车安全。由于高速公路采取了一系列确保交通安全的措施，行车事故大为减少。根据美国的调查资料，高速公路的交通事故率为一般道路的1/5；英国高速公路的交通事故率仅为普通公路的 1/10；日本高速公路的交通事故死亡率为普通公路的 1/40,受伤人数为普通公路的 1/62。由于我国高速公路起步较晚，驾驶员对高速公路行车有一个适应过程，事故率比国外略高。但随着我国高速公路的发展，高速公路的交通事故率正在不断降低。根据京石（北京—石家庄）高速公路的资料，交通事故率比普通公路低 70%。

运输费用省。由于高速公路无红绿灯及平面交叉等障碍因素，因而减少了车辆起动、刹车、慢行的状况，从而可以减少燃料和机件的损耗，使运输成本显著降低。根据资料，日本名（古屋）神（户）高速公路的运输成本较一般公路低 17%，平均每公里节省运费 12 日元，若按 2 万辆/昼夜交通量计算，仅这一项，不到 7 年即可收回全部投资。美国州际与国际高速公路网全长 9 公里，总投资 900 多亿美元，由于运输费用的节约和行程时间的缩短，估计 8 年至 12 年内即可收回全部投资。

另外，高速公路还具有不受时间限制，能全天候（各种气候条件下）行车的特点，这对于提高公路的利用率，减少货物转运和装卸，减少货物损耗具有重要的作用。

同时，也应当看到高速公路也存在一些不利因素。

首先是占用土地较多。高速公路一般采用高路堤，占地宽度至少为 30 米至 50 米，一个全互通式立体交叉需要用地 4 万平方米至 10 万平方米。高速公路占用耕地较多，既给农业生产带来一定的影响，同时也增加了工程造价。一些资料表明，高速公路的土地征用价款占整个公路投资的 1/3 以上。

其次是投资大、造价高。目前，我国高速公路造价一般都在 2000 万元/公里以上，比一般公路高十几倍。虽然这些投资能够在今后的营运中回收，但由于我国财力有限、资金紧缺，资金问题始终是影响我国高速公路建设的主要因素。

再就是与地方交通的贯通问题。高速公路为汽车专用，控制出入口，有利于为长距离运输服务，但另一方面却给地方运输带来不便。因此，如何处理高速公路与地方道路的关系，更有效地发挥高速公路的作用，也是需要今后研究的问题。

2.后来居上

——高速公路的发展

近代高速公路的出现不到100年，但作为高速公路的雏形——马车专用道的历史则可追溯到古代时期。在我国，西周时（公元前1066年~公元前771年）道路就初具规模。公元前212年的秦王朝，就修筑了全长约900公里、宽60米的“秦直道”，被称为“我国最早的高速公路”。西汉时设亭（即驿站），道路延续长达10万公里。清代修筑了以北京为中心，通往各省城的道路网络系统。当时的道路分为三级：一级是“官马大路”（即高等级专用马车道路），分东北路、东路、西路和中路四大干线，长约2000公里；二级是“大路”，由省城通往各重要城市；三级为“小路”，与大路联接，由各重要城市通往各市镇。在西方，所有的帝国缔造者也是道路的建造者。他们深知，只有用良好的道路才能将庞大的帝国联结在一起。公元前6世纪中叶的波斯帝国控制了东起印度河，西至达坦尼尔海峡的广阔疆域，联结这个帝国的交通和交通体系便是波斯王下令修建的“高速公路网（御道）”。其中最长的一条便是大流士从王宫居地苏辙直至小亚细亚的萨迪斯的御道，全长约2600公里，全部用石块铺筑，设有111个驿站，紧急时以每天370公里的惊人速度，一星期跑完全程。这些御道专供军事及行政使用，除了波斯王的使臣、士兵及王室官僚的马车外，其他任何马车不得通行。沿路设有豪华的旅馆，可供食宿，还建有类似于现代高速公路的收费设施。罗马帝国也同样认识到道路对于联络帝国版图的重要性，罗马帝国的疆域达

200万平方英里（合5.8万平方公里），西自西班牙东至里海岸，北自英格兰南至北非的海岸线。到公元120年，罗马帝国建造了5万英里（约80450公里）的庞大路网。这些道路起初用于军事运输，而在和平年代则用于客货运输。

进入20世纪之后，汽车交通得到了迅速发展，现代化高速公路的时代开始了。1909年德国成立了汽车交通与试验公路公司，开始把汽车与公路结合起来进行研究，并在柏林修建了第一条9.8公里的试验路。由于第一次世界大战，筑路工程一度中断，一直到1921年才获成功，这是世界上最早的往返分离式公路，为高速公路的发展奠定了基础。

20世纪30年代，德国急于军事扩张，同时为了解决严重的失业问题，开始大量修建高速公路。早在1926年德国内阁顾问奥茨恩教授就提出了建设汉堡经法兰克福到巴塞尔的全长800多公里高速公路的设想，这个计划在1931年8月于日内瓦召开的第一届国际高速公路会议上引起了轰动。1932年，德国修建了第一条高速公路，从波恩到科隆长32公里，该路为四车道，宽12米~15米，设有中央分隔带或分隔线，部分路口采用立体交叉。1933年，希特勒上台，加快了建设高速公路的步伐，以供侵略战争的需要。为此公布了一个7500公里高速公路的计划，1934年扩大成1.4万公里的国家公路网计划。由德国国家汽车公司组织实施，到第二次世界大战结束时，已建成高速公路干线4000多公里。

与此同时，意大利、荷兰、苏联也开始修建高速公路，特别是意大利，1924年修建了从米兰到瓦雷泽高速公路，开通了80公里。1932年修建了从米兰到都灵长126公里的高速公路。这些都是为了军事上的需要匆忙修建的，标准比较低，可以说成是准高速公路。

美国最早的高速公路是20年代末期的公园道路（parkway），

只准小汽车通行。1937 年开始修建第一条宾州收费道路，1940 年建成的从匹兹堡到哈里斯堡的 257 公里公路，成为美国第一条设有中央分隔带的近代化高速公路。

第二次世界大战以前的这一段时期可以说是高速公路的幼年期。

第二次世界大战后，随着经济的复苏，许多工业发达国家的汽车生产及保有量大幅度增加，从而对公路的数量和质量都提出了更高的要求，于是，各国相继制定了新的较长远的高速公路建设计划。从此，高速公路进入了高速发展的时期，不仅工业发达国家，而且不少发展中国家也开始修建高速公路。到 1992 年，世界上有 80 多个国家共建成 17 万多公里的高速公路。在这一阶段，高速公路不仅里程数增长快，而且标准越来越高，设施日益完善。对高速公路的设计不仅考虑行车，还考虑由行车带来的其他问题，如环境公害、景观设计、休息服务等。尤其是高速公路的控制与交通管理设施得到了重视，如通讯系统、事故处理、信息搜集与传输设施以及出于交通安全考虑的各种设施。公路除了运输人与物之外，正在成为输送电能、信息等多功能的运输载体。

3. 协调发展

——与其他运输方式的关系

现代运输系统由铁路、公路、水路、航空和管道 5 种运输方式组成。

铁路运输在固定的轨道上行进，从而减小了运输阻力，降低了运输成本，同时轨道也限制了其通达性，运输对象需在固定的站场进出线路系统，从而发生了装卸周转费用。为使列车能以一定的速度安全地在线路上行驶，要求路线布设的平面曲线半径不宜过小，纵向坡度不能太大。这就使得铁路运输方式受到地形和地质条件的限制，而且在地形较复杂地区需要投入较多的建设资金。铁路运输的主要优点是货物或旅客的装载容量很大，系统的可靠性和安全性较高，能源消耗较低。适宜于长距离旅客运输和散装、大宗货物及集装箱运输。

公路运输是一种可以实现“门到门”运输的方式，即货物和旅客可以在起点(厂门、店门、家门……)装上汽车后，通过支线即可进入公路系统，尔后直接运送到终点(厂门、店门、家门……)，中间不需要倒换装卸作业。因而，当路网密度大时，公路运输具有很高的通达性。公路路线布设的平面曲线半径可比铁路小，纵坡可以比铁路大些，因而受地形限制的程度比铁路的低。公路运输的缺点是，车辆的装载容量较小，运输成本较铁路运输和水路运输的要高，能源的消耗较大，系统的安全性和可靠性不如铁路运输和水路运输。但由于“门到门”的特点，可以减少装卸成本，因而适宜于中短途运输、小批量商品运输、贵重物品和鲜活物品的运输。随着高速公路的联结成网，公路运输的经济运距在不断延长，大吨位的公路集装箱运输已经显露出勃勃生机。

水路运输受河流通航条件及海岸和港口条件的限制，其通达性较为局限。虽然船舶的装载量较大，能源消耗低，但其航行速度很低，因而水路运输适宜于有通航条件的地区的大宗和散装货物以及集装箱运输。由于速度低，旅客运输仅限于短途和游览。

航空运输的突出优点是快速和舒适，其通达性受机场密度的限制。基础设施和飞机的费用很高，能源消耗量大，运输成本高，因而航空运输适宜于长途旅客运输和时间价值较高的小宗货物。

管道运输的通达性与铁路运输类似，它适宜于长距离连续输送液体或气体介质。其输送速度很低（16 千米/小时 ~ 30 千米/小时），但容量较高。基础设施的修建费用较铁路和公路运输的小，其运输成本也较低；而且，其输送不存在空驶问题，不受气候影响，其设施所占用的土地也少。

19 世纪以前，由于缺乏机械动力，以人力、兽力和自然力作为运载工具的动力，因而水路运输占据了主导地位。19 世纪上半叶，出现了蒸汽机，首先被应用于船舶，使水路运输有了迅猛的发展。尔后，蒸汽机被采用于火车机车，开始了铁路运输的发展。于 19 世纪下半叶和 20 世纪前 20 年期间，铁路运输出现了大发展，而水路运输则出现了萧条。有人把铁路运输成为主宰的这一时期称之为铁路世纪。与此同时，出现了管道运输、汽车和飞机。20 世纪 20 年代以后，水路运输有所振兴，而铁路运输却日益下降，公路和航空运输得到较快发展，特别是第二次世界大战以后，这两种运输方式的发展更为迅速，使公路运输成为主要的运输方式。目前，形成了 5 种运输方式并存的局面，各种运输方式依靠自身的性能特点而占据一席之地，发挥着各自的作用。表 1—2 所列为美国各种运输方式的组成结构的演变情况。可以看出，这些年来经历着铁路货物和旅客运输逐年下降，公路和管道货物运输逐年上升，水路货物和旅客运输略有下降，航空旅客运输迅速发展的过程；公路的旅客运输占绝对主导地位；航空旅客运输占第二位，主要为中长距离运输；货物运输则较为均匀地分摊于铁路、管道、公路和水路运输系统。

表 1—2　美国各种运输方式的构成比例（%）

年	货物运输量					旅客运输量				
	铁路	公路	水路	管道	航空	铁路	公路	水路	管道	航空
1940	61.34	7.91	19.13	11.62	0.01	8.71	90.46	0.46	—	0.37
1950	58.69	12.39	16.19	12.70	0.03	8.12	89.57	0.30	—	0.01
1960	43.51	22.50	16.76	17.18	0.06	2.86	92.37	0.27	—	4.50
1970	39.97	21.44	15.98	22.43	0.18	0.92	88.73	0.34	—	10.01

我国运输业的发展落后于发达国家，也落后于经济发展的需

求。建国以来，经历了一个较长的以发展铁路运输为主的阶段，而目前正开始走向各种运输方式共同和协调发展的阶段。表1—3和表1—4所示相应为各种运输方式的货物运输和旅客运输组成结构比例。图1—1为各种运输方式完成的客货运量增长情况。

表1—3 我国各种运输方式的旅客运输构成比例（%）

年	客运量				旅客周转量			
	铁路	公路	水路	航空	铁路	公路	水路	航空
1950	77.0	11.3	11.7	0.01	88.5	5.3	6.1	0.04
1960	57.9	30.5	11.6	0.02	76.3	16.5	7.0	0.18
1970	40.3	47.5	12.1	0.02	69.7	23.3	6.9	0.17
1980	27.0	65.2	7.7	0.10	60.6	32.0	5.7	1.73
1990	17.8	78.4	3.5	0.3	53.4	38.8	3.1	4.7
(1990)	(12.4	83.9	3.5	0.2)	(46.4	46.5	2.9	4.1)

注：括号内数字为公路和水路运输考虑非交通部门运量时的构成比例，表1—4亦如此。

表1—4 我国各种运输方式的货物运输构成比例（%）

年	货运量				货物周转量			
	铁路	公路	水路	管道	铁路	公路	水路	管道
1950	46.3	41.2	12.4	—	86.6	2.0	11.3	—
1960	34.4	41.5	19.1	—	75.4	3.6	20.9	—
1970	45.3	37.8	16.9	—	76.6	3.0	20.4	—
1980	46.2	31.6	17.7	4.4	49.6	2.2	43.9	4.3
1990	52.9	22.7	18.9	5.5	46.2	1.6	49.5	2.7
(1990)	(15.5	74.6	8.2	1.6)	(40.5	12.8	44.2	2.4)

注：航空货物运输所占比例低于1%，故未列入；水运包括远洋运输。

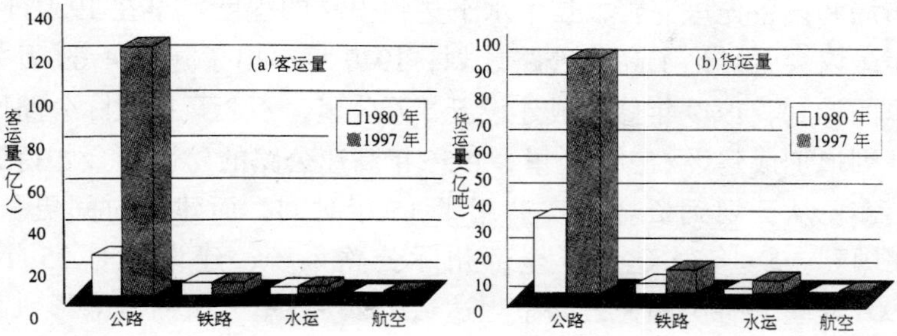

图1—1　各种运输方式完成的客货运量增长情况

分析表1—2至表1—4的数据和图1—1，可以看出以下情况。

经济发达国家（如美国）的公路运输量，尤其是公路旅客运输量占有相当大的比重，我国的公路运输还相当落后。

随着经济的发展，我国公路运输所占的比重正以较高的增长速度上升。公路客运量增长最快，并占绝对优势。随着我国公路网的改善、汽车工业的发展和人民生活水平的提高，私人小汽车逐步进入家庭，我国公路运输所占的比重会进一步上升。

4. 他山之石

——国外高速公路

各国的国情不同，高速公路的发展状况存在较大的差异。一般来讲，越是经济发达的国家高速公路发展越快；反过来，高速公路的建设又促进了经济的发展。当前，高速公路已成为衡量一个国家国民经济现代化的重要标志之一。这里主要介绍一些工业发达国家的高速公路建设情况。

美国。美国是当今世界上高速公路最发达的国家，其高速公路通车里程最多，几乎占全世界的一半，其高速公路网的规划、布局和设备先进完善，技术水平达到很高的程度。早在1939年，美国议会就讨论了高速公路计划，1940年提出了建设4.69万公里的计划，1949年修改成建设6.5万公里，不久又把州际公路网计划追加成建设68382公里，1956年高速公路的建设资金才得到落实，从计划到资金落实共用了15年时间，而建设时间更长，美国到1991年才建成了全部州际公路系统，建设历时35年。1991年全美各类高速公路里程达到85267公里，纽约至洛杉矶高速公路全长4556公里，其长度为世界之冠。美国高速公路修建速度也是最快的，从1956年到1980年，平均每年增加3000公里。

德国。德国是世界上最早修建高速公路的国家，1928年至1932年，德国修建的科隆至波恩的高速公路成为世界上第一条高速公路。到1991年，德国建成高速公路10955公里，仅次于美国和加拿大，居世界第三位。德国5万人以上城市的全部及5万人以下城市的90%通了高速公路，这些高速公路把德国的政治中心和经济区联系起来，有力地促进了经济和文化的发展。东、西德于1990年统一以后，又进一步制定了1991年至2010年州际高速公路发展计划，计划期内，预计新建高速公路2313公里，改建高速公路2308公里。

意大利。意大利也是修建高速公路较早的国家之一，意大利的“太阳公路”是闻名于世的高速公路。早在1934年就建成了长达126公里的米兰到都灵的高速公路。意大利大规模修建高速公路是在1956年至1970年，该期间建成高速公路1700公里，其中包括里程长达738公里的从米兰到那不勒斯的所谓“太阳公路”。1991年意大利高速公路通车里程达6301公里，居世界第五位。

亚洲国家。日本自1957年颁布了“高速公路干道法”后，1958年至1965年7月修建了第一条高速公路——名（古屋）神

(户)高速公路，比欧洲落后 20 多年，以后陆续建成东北、中央、北陆、中国、九州高速公路，从 1954 年起到 1989 年共 36 年间，修建了 4670 公里的高速公路。1994 年，高速公路里程达到 5500 公里。

韩国从 60 年代开始修建高速公路，从 1968 年汉城到仁川的第一条高速公路（29.5 公里）通车，到 1984 年为止，总里程已达 1421 公里。为了举办 1988 年奥运会，韩国又修建了几条高速公路，据 1989 年统计资料，高速公路里程达 1550 公里。

东南亚的一些国家，如菲律宾高速公路达 500 多公里，马来西亚达 1000 多公里，印度高速公路达 1500 公里。

世界各国的高速公路发展情况如表 1—5 所示。

表 1—5　一些国家和地区的高速公路状况

序号	国家和地区	公路总里程（公里）	其中：高速公路总里程（公里）	高速公路占公路总里程的%	年份	开始修建的年份
1	美国	6257882	85267	1.4	1991	1937
2	加拿大	849404	15983	1.9	1991	1967
3	德国	636282	10955	1.7	1991	1928
4	法国	811200	7700	0.9	1992	1951
5	意大利	305388	6310	2.1	1991	1924
6	日本	1124843	5054	0.4	1992	1957
7	墨西哥	242294	3166	1.3	1991	1952
8	英国	360047	3100	0.9	1991	1957
9	西班牙	331961	2700	0.8	1991	1962
10	荷兰	104831	2118	2.0	1992	1936
11	南非	182329	2108	1.2	1992	1964

序号	国家和地区	公路总里程（公里）	其中：高速公路总里程（公里）	高速公路占公路总里程的%	年份	开始修建的年份
12	乌克兰	169964	1767	1.0	1992	…
13	约旦	5680	1712	30.1	1991	…
14	比利时	138014	1667	1.2	1992	1957
15	瑞士	71118	1554	2.2	1992	1957
16	奥地利	110000	1554	1.4	1992	1957
17	韩国	55778	1550	2.8	1988	1968
18	委内瑞拉	100571	1200	1.2	1986	1967
19	澳大利亚	810264	1197	0.1	1989	1964
20	伊拉克	45554	976	2.1	1989	…
21	瑞典	135859	936	0.7	1991	1964
22	南斯拉夫	122191	871	0.7	1988	…
23	土耳其	386704	1003	0.2	1992	…
24	叙利亚	31569	712	2.3	1991	…
25	丹麦	71042	696	1.0	1992	1957
26	古巴	14478	627	4.3	1989	…
27	马来西亚	92545	903	0.6	1994	…
28	捷克斯洛伐克	73776	564	0.8	1992	1963
29	葡萄牙	…	519	…	1992	…
30	匈牙利	158711	441	0.3	1992	1961
31	阿曼	25948	413	1.6	1992	…
32	阿尔及利亚	95576	400	0.4	1992	…

序号	国家和地区	公路总里程（公里）	其中：高速公路总里程（公里）	高速公路占公路总里程的%	年份	开始修建的年份
33	立陶宛	…	382	…	1992	…
34	阿根廷	211369	378	0.2	1986	…
35	芬兰	76755	318	0.4	1992	…
36	克罗地亚	27378	302	1.1	1991	…
37	科威特	4273	280	6.6	1989	…
38	保加利亚	36932	276	0.7	1992	1976
39	波兰	367000	257	0.1	1992	…
40	波多黎哥	9351	249	2.7	1986	…
41	斯洛文尼亚	14726	187	1.3	1992	…
42	泰国	52339	171	0.3	1991	…
43	新西兰	93348	140.8	0.2	1992	…
44	菲律宾	160709	120	0.1	1980	1964
45	印度尼西亚	244164	198	…	1986	…
46	危地马拉	12033	125	1.0	1992	…
47	希腊	130000	116	0.1	1990	…
48	罗马尼亚	461880	113	0.0	1992	…
49	新加坡	2883	109	3.8	1991	…
50	萨尔瓦多	12251	107	0.9	1992	…
51	卢森堡	5108	95	1.9	1992	…
52	挪威	88922	75	0.1	1990	…
53	摩洛哥	59474	73	0.1	1991	…

序号	国家和地区	公路总里程（公里）	其中：高速公路总里程（公里）	高速公路占公路总里程的%	年份	开始修建的年份
54	爱沙尼亚	14797	60	0.4	1992	…
55	赞比亚	37359	56	0.1	1992	…
56	以色列	13461	56	0.4	1992	…
57	突尼斯	29183	52	0.2	1989	…
58	特立尼达和多巴哥	5175	50	1.0	1985	…
59	坦桑尼亚	55600	50	0.1	1992	…
60	爱尔兰	92327	32	0.0	1992	…
61	毛里求斯	1831	29	1.6	1991	…
62	玻利维亚	42828	27	0.1	1991	…
63	加纳	38145	20.6	0.1	1990	…
64	塞内加尔	15000	7	0.0	1986	…

资料来源：World Road Statistics，1989～1992.

International Road Federation，1993.

国际高速公路网。为了更好地发挥高速公路的效率，加强国际间的公路运输联系，一些发达国家正在把主要高速公路连接起来，构成国际高速公路网。欧洲已经规划和正在实现的欧洲高速公路网，包括一条横贯全欧（全长 3200 公里）、两条纵贯全欧（一条长 2100 公里，另一条长 5000 公里）的三大主干国际高速公路。另一条宏伟的世界高速公路网正在规划设计中，该路从东京出发，连接汉城、平壤、北京、河内、达卡、新德里、德黑兰、莫斯科、华沙、柏林、波恩、巴黎，最后达到伦敦，该工程将穿过日本海峡、博斯普鲁斯海峡、压勒海峡、费马恩海峡、英吉利海峡和比利牛斯山、阿尔卑斯山等，将欧洲与亚洲的公路网直接连接起来。规划中的亚洲公路网长约6.6万公里，由从土耳其安卡拉至印尼爪哇岛的15个国家的41条高等级公路组成。规划中的泛美公路网北起阿拉斯加，途经美国、墨西哥、中美、南美至阿根廷最南端，全长约7.88万公里。此外，非洲横断公路网、亚马逊地区横断公路网等也在规划之中。

5.不甘人后

——我国的高速公路建设

我国高速公路的建设最早始于台湾省，台湾省的南北高速公路北起高雄、南至基隆，全长373公里，还有一条飞机场支线9.5公里，整个建设由于资金问题分三个阶段进行，全路耗资470亿台币，该路于1968年开始进行可行性研究，1970年动工，到1978年10月竣工，历时10年，全线按美国AASHTO（美国各州公路工作者协会）及加州公路设计标准设计施工。南北高速公路建成后，公路客货运输成本显著降低。台北至台中段约150公里，约需1.5小时，而铁路电气化后仍需2小时行程。台湾西部三大港口均在汽车运输的经济半径以内，港口吞吐货物越来越多地使用高速公路运输。

祖国大陆的高速公路建设起步比世界发达国家晚了40年。在80年代初还在争论要不要、能不能修建高速公路的问题。党的十一届三中全会以后，工农业生产迅速发展，客流量和货流量大幅度增加，我国民用汽车保有量以每年14%的速度增长，摩托车和小型拖拉机发展更快。一些干线公路上，交通拥挤、通行不畅的情况日益严重。交通运输滞后，已成为国民经济和社会发展的“瓶颈”制约因素。面对这种形势，各级交通主管部门有重点地对部分干线公路进行加宽改造，有的加宽到15米至20米以上，但汽车平均时速仍达不到50公里。例如北京距天津仅153

公里，但汽车一般要行驶 5 小时至 6 小时，堵车时汽车一停就是几个小时。南京至六合、沈阳至抚顺，虽然修建了宽 23 米至 29 米的一级公路，改善了行车条件，但因为没有解决混合交通和平交道口问题，通过能力仅为四车道高速公路的 1/5。客观现实告诉我们，修建高速公路刻不容缓。

尽管修建高速公路的必要性和紧迫性十分明显，但考虑到我国的财力、物力有限，高速公路造价又很高，因此，交通部门在项目选择上采取了十分慎重的态度。确定只有近期昼夜交通量达到或超过 1 万车次/时，才能建设高速公路，而且只能在经济比较发达、建设资金有保证的地区起步。根据这一原则，经国务院批准，80 年代中期相继开始了沪（上海）嘉（定）、沈（阳）大(连)、京（北京）津（天津）塘（沽)、广（州）深（圳)、西(安）临（潼）高速公路的建设。其中，1988 年 10 月通车的沪嘉高速公路，全长 15.9 公里，是祖国大陆的第一条高速公路。接着 1989 年 8 月全长 16 公里的广（州）佛（山）高速公路建成通车。到 1990 年，全长 375 公里的沈大高速公路建成通车（比台湾的南北高速公路长 2 公里)，它被称为“神州第一路”，该路比原沈大线缩短 47 公里，行程时间由过去的 10 小时减少至 4 个小时。1993 年 9 月建成通车的京津塘高速公路全长 143 公里，是我国第一条利用世界银行贷款，由国际招标施工修建的跨省市高速公路，为我国利用外资，引进国外先进技术修建高速公路积累了成功经验。截至 1999 年底，我国已建成 90 多条高速公路，通车里程达 1.1 万多公里。其中，1996 年至 1999 年我国每年建成高速公路 1000 多公里，这种连续四年新增高速公路超过 1000 多公里的增长速度在国际高速公路建设史上也是罕见的。

据了解，90 年代以来，我国高速公路年均增长速度一直居世界前列，10 余年来，我国高速公路建设按照“统筹规划、条块结合、分层负责、联合建设”的方针，高速公路建设速度、工程质量和发展水平已经达到世界领先水平。目前我国已经建成的高速公路延伸到北京、天津、上海、江苏、广东等20多个省、直辖市、自治区。京津塘、京石、沈大、济青、成渝、宜黄、合宁、开洛、西宝、沪宁等一大批有影响的高速公路的建成，对我国经济建设和人民生活产生着重要的影响。1998年，国务院作出了加快交通基础设施建设的决定，到“九五”末期，我国高速公路将达到1.3万公里，远远超过原定6500公里的规划。届时，我国高速公路干线网将逐步形成。

我国高速公路建设虽然起步较晚，但通过10多年来的实践，已经取得了举世瞩目的成绩，积累了较为丰富的经验。同时，也应该看到，我国高速公路建设还处于起步阶段，尚未联接成网，高速公路在公路网中的比例还很低，达不到规模经济的要求，用960万平方公里的国土来衡量，还很不相称，远不能适应国民经济和社会发展对公路运输的需要。

为了将高等级公路联接成网，发挥公路运输的规模效益，1991年开始，交通部组织各省、市、自治区，用4年到6年时间编制了1991年至2020年30年全国公路网规划。到20世纪末，我国将重点建设由高等级公路组成的“两纵两横”国道主干线公路及3条重要路段。一纵是起自北京，途经石家庄、郑州、武汉，直至珠海，全长2300多公里，构成纵贯我国中部的公路运输大通道。另一纵是北起黑龙江畔的同江，途经大连、连云港、上海，南至海南的三亚，全长5700公里，构成与对外开放格局相吻合的沿海运输大通道。一横是东起上海，途经南京、武汉、重庆，西至成都，全长近3000公里，成为东、中、西三大经济带梯度开发的公路运输大通道，从而更有效地促进生产力要素的横向移动，使沿海的技术优势、资金优势和内地的资源优势有机结合，相互补充。另一横是东起连云港，途经郑州、西安、乌鲁木齐，西至霍尔果斯，全长4000公里，将成为中国境内第二条欧亚大陆桥，从而有利于发挥汽车运输的潜在优势，为中国经济尽早加入世界经济大循环，为沿途地区与国际经济接轨提供便利的交通基础条件。三条重要路段是客货流密集带的北京至上海公路，连接关内与东三省的北京至沈阳公路，以及对西南地区开发具有重要意义的出海通道。这7条路段总长约1.8万公里，其中高速公路近8000公里，占47%；全部建成后，将形成贯穿我国东西南北的快速公路运输通道，使公路的空间布局发生根本性的变化。

在下世纪初叶，再用20年左右的时间，建成总长3.5万公里的“五纵七横”12条国道主干线公路系统。除上述20世纪内要建成的公路外，还有北京至福州、二连浩特至河口、重庆至湛江、绥芬河至满洲里、丹东至拉萨、青岛至银川、上海至瑞丽、衡阳至昆明等公路。

上述“五纵七横”12条国道主干线系统将连接全国现有的467个城市中的203个，占城市总数的43%，约覆盖6亿人口，占全国总人口的55%，连接全国100万人口以上的特大城市和93%的50万人口以上的大城市。

国道主干线系统建成后，虽然里程占全国公路网的2%左右，但将承担20%以上的交通量，在大城市间、省际间、区域间形成400公里至500公里以内当日往返、800公里至1000公里当日到达的大通过能力的现代化高等级公路网络。由于收取的提高了行车速度，缩短了运输距离，降低了运输成本，将会带来巨大的直接经济效益，每年可节省油料达目前全国公路运输汽柴油用量的1/10，降低运输成本和减少客货在途时间所带来的直接效益每年高达400亿元到500亿元，间接收益每年可达2000亿元以上。如果说目前没有连接成网的高速公路对综合运输通道和经济环境的影响，相当于“等差级数”的话，那么高速公路在全国联网后的影响，将是“等比级数”。

国道主干线公路网如图 1—2 所示。

国道主干线示意图

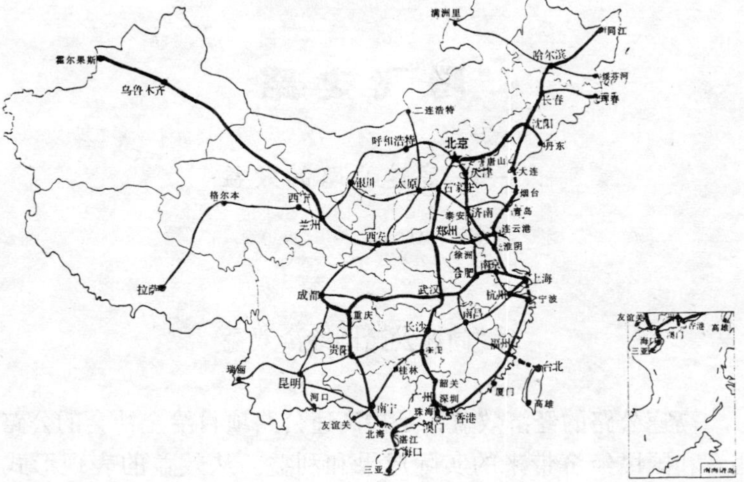

图 1—2　国道主干线示意图

注：粗线为 2000 年前计划建设的“两纵两横”和三个重要路段

二

腾飞之路

——高速公路的效益

1. 高速公路的经济效益

高速公路的经济效益，是指高速公路项目给全社会的公路使用者和国民经济带来的实际成果和利益。从效益的表现形式来分，有直接效益和间接效益两大类。有外部效益、内部效益、有形效益和无形效益四种表现形式。

外部效益，是指为公路运输部门以外的部门或行业带来的效益。此类效益的大小，通常是按该公路项目给国民经济中的商品与劳务生产所带来的增加额来衡量的。例如，新建或改建某条高速公路，可以促进公路沿线的工农业生产和其他产业的发展；这条公路能够对一定区域的商品和劳务生产作出贡献。外部效益属于间接效益。

内部效益，是指由于某一公路项目的建成，提高了运输效率，从而节约了社会开支。内部效益表现为公路使用者的受益，如节约了燃料消耗，降低了轮胎磨损和车辆维修费用，节省了运输时间，减少了交通事故等。内部效益属于直接效益。

有形效益，是指可以用价值尺度进行计量的效益。内部效益大都可以用价值尺度来计量。

无形效益，指公路项目给社会带来的某些效益无法用价值尺度进行计量，只能进行一些定性的描述。

高速公路项目的主要经济效益指标如表 2—1 所示。

表 2—1 高速公路的效益

直接效益	间接效益	备注
1. 降低客、货运输成本 2. 减少原有公路的拥挤 3. 缩短里程 4. 节约客货在途时间 5. 减少交通事故 6. 减少货物损耗 7. 节约公路养护费用 8. 提高乘客舒适性 9. 驾车方便舒适	10. 带动公路运输业的发展 11. 改善运输结构 12. 改善投资环境 13. 促进旅游资源开发 14. 促进农村经济发展 15. 土地增值 16. 增强综合经济实力 17. 军事上的作用 18. 提供就业机会	1 项 ~ 7 项属内部有形效益； 8 项 ~ 10 项属内部无形效益； 11 项 ~ 16 项属外部有形效益； 17、18 项属外部无形效益

高速公路经济效益的特点主要有以下几个方面：

宏观经济效益显著。从高速公路在国民经济中的地位和作用来看，其经济效益有相当部分表现为宏观的社会效益。交通运输是直接生产过程在流通领域的继续，它联接着生产和生产、生产和交换、生产和消费、交换和消费，使整个社会产品得以流通的一个物质生产部门，其经济效益必然与工业、农业、商业、国防、科技、文教、卫生等部门密切相关。因此，评价高速公路的经济效益，不能只从公路建设单位和汽车运输单位的微观经济效益来衡量，而要考虑它对整个国民经济所起的作用，即必须从国民经济的全局出发，从全社会的宏观经济效益角度进行衡量。有的高速公路项目，从微观经济效益来看，可能不够理想（例如，由于通行费标准较低，造成投资回收期较长），但是从宏观角度来看，效益可能是非常好的。

交通运输是一个综合体系，高速公路的效益往往有很大部分表现为中观效益，或者说部门效益。现代化的交通运输是由铁路、公路、水运、航空和管道等多种运输方式组成的综合有机体系。各种运输方式必须密切配合，合理分工，各展其长，才能充分显示最佳效益。例如，有了高速、完善的公路网络，才可以有效地为其他运输方式集散货物。由此可见，各种运输方式之间不只是相互分流的关系。如果配合得当，还可以起到相互增流的作用。因此，各种运输方式的经济效益是相互关联的，难以截然分开，由此表现为整个交通运输业的经济效益或中观效益。

从运输产品的特殊性来看，高速公路同其他运输项目一样，某些直接经济效益不具有实体性。运输业产品与工农业产品有着不同的特征。众所周知，工农业产品是具体的，实实在在的，有一定的质、量、形、体，是具有一定价值和使用价值的实物形态的产品。而运输产品是在一定的时间条件下使被运输的实物产品（或人员）发生空间的变化，产生位置的移动。产品位置的改变，使产品的使用价值发生了变化，从运输的意义上讲，就是创造了运输产品。运输产品是和被运输的实体产品结合在一起的产品，所以说运输产品是“派生的”，它只有空间变动的概念，没有实体的概念。运输产品的价值是在运输生产过程中消耗的活劳动创造的价值和消耗的物化劳动转移的价值。它的使用价值就是在一定的空间条件下改变实物产品的空间位置，从而使实物产品的使用价值得到提高。这就是说，在运输生产过程中并不改变劳动对象，也不创造新的产品，只是客、货的位移。运输的产品就是吨·公里、人·公里。因而运输项目本身的某些直接经济效益，往往也不具有实体性。

运输产品的非储存性。由于运输产品不具有实物形态，从而使运输产品不能储存。我们知道，工农业产品生产过多时，可以储存起来；而在社会需求增加时，又可以将它投放市场。运输产品则不然，它的生产过程同时就是发生效用的过程。故要协调运输供求关系，只能采取储存运输能力的办法，也就是说要保留一定的备运能力。因此，高速公路的规划和设计，不仅要考虑当前的交通量，还要预测到远景交通量，适应未来一段时期交通量的需要。同时运输能力的储备也不能过大，否则会造成运输能力的浪费。这就要求我们作好高速公路规划设计的前期工作——可行性研究工作。

高速公路项目投资大、建设周期长。高速公路建设，在几年时间内不提供任何生产资料和生活资料，不提供任何有用效果，但会从全年总生产中消耗劳动、生产资料和生活资料。因此，高速公路的经济效益，一般要在若干年后才能显现。至于高速公路促进该区域的新工业基地的形成和农村经济的发展，形成高速公路产业带的效果，则更是 5 年、10 年，甚至更长一点时间才看得出来。这就要求在评价高速公路经济效益时，应该把眼光适当放远些，在关注近期效益的同时，还必须考虑远期的经济效益，把这两方面很好地结合起来。

衡量高速公路的经济效益，通常要比衡量其他项目的经济效益更困难。其中主要原因有三：一是高速公路项目的有些效益即使是直接的，如高速公路所带来的旅行舒适和方便等，但难以用货币形式来表达；二是高速公路项目的大部分效益，如运输费用的降低，能使很多人长时间得到好处，但要对它们作出长期精确预测是不容易的；三是高速公路项目的许多效益都是间接的，如对工农业生产的发展所起的作用等。而这种效益的产生可能有各方面的因素，要分清这种效益中的多少份额是由高速公路引起的，则非常困难，甚至是不可能分清楚的。

鉴别经济效益，指的是从国民经济角度出发，弄清楚各种经济效益与特定高速公路项目的从属关系。所有属于特定高速公路项目所获得的经济效益，都应列为该项目的“效益”，所有不是该项目的真正经济效益，则应从“效益”中予以剔除。为了正确鉴别高速公路项目的经济效益，必须注意以下几点：

采用适当的鉴别方法。鉴别经济效益的方法有两种：一种是“前后对比法”，即对比某个项目实现前和实现后的各种效益之差别。另一种是“有无对比法”，即对比有某个项目和无某个项目的各种效益之差别。

例如，有一条公路，它具有平坦的路面和令人满意的宽度，在这条公路上行驶的车辆所付的养路费（或过路费），是相当合理的。但遗憾的是，这条公路并不是根据目前的车辆轴载重量建造的。工程师认为：因道路不胜负载，即使花了大量的保养费用，它在两年时间里也会裂开，因而需要全部重修。假定重修前后的交通量和养路费（或过路费）的收费标准不变，即公路部门的收入不变。若采用“前后对比法”评价，显然重修道路的投资是不合算的。但采用“有无对比法”评价，有了重修道路的投资，便可以节省日常维护费用，所以，重修道路的投资可能是合算的。

再如，某条公路改造前交通量为 1 万辆/昼夜，且每年以 10%的速度增长。现在对该公路进行加宽改造，改造工作需 2 年完成。改造后由于行车条件较好，交通量为 1.5 万辆/昼夜，也以每年 10%的速度增长。若采用“前后对比法”，改造后交通量增长了 5000 辆（15000—10000）；但采用“有无对比法”，改造后交通量增长了 3000 辆（15000—10000—10000 × 10% × 2）。可见两种评价方法的评价结果是不同的。

根据交通部的规定，公路建设项目的经济比较，应对“有”、“无”此项目时所产生的情况进行比较，即采用“有无对比法”来比较。

此外，在衡量某一高速公路项目的经济效益时，要同位居第二的优选方案进行比较，从而选择最优方案。

要正确鉴别外部效益。有形的外部效益一般比较容易鉴别和计量。但是有些外部效益是无形的，如某条高速公路的修建有利于美化环境、净化污染、旅行舒适等，这些都是难以计量的。此外，还可能有各种间接的或附带的外部效益，如在经济萧条时期，社会上有许多闲置着的机器、厂房和劳动力，如果由于某一运输项目的兴建而带动某些企业利用这种闲置的设备和劳力，那么社会上就产生一种毋需花费经济代价的外部附带效益。

要把握内部效益的鉴别。在某些情况下，政府对运输项目的经济效益，主要是着眼于降低营运成本。例如，修建一条高速公路，使其营运成本比旧公路降低 20%，这就是该项目的内部效益。

要谨防把“资金转移”作为高速公路项目的经济效益。只有因某一项目的建成而使社会上的财富和劳务总值有所增加，才可以计作该项目的经济效益。例如，如果一条高速公路的建成，使某条铁路上的交通量转移到这条高速公路上来，假定高速公路上新增的运输收入正好是铁路减少的运输收入，那么这种“资金转移”性质的部门收益，就不可作为该项目的经济效益。

一般采用影子价格（在完全竞争条件下的市场上为社会所公认的价格）作为经济效益评价的价格标准。

高速公路项目经济评价期限，为建设年限加建设后预测年限。建设后预测年限原则上按 20 年计算。

2. 高速公路的直接效益

根据交通部《公路建设项目经济评价办法》（1988 年 6 月），新建或改建的高速公路可能产生的直接经济效益如表 2—1 所示。

由于高速公路的新建与改建，改善了行车条件，从而节省了燃料消耗、减少了轮胎和机件的磨损，因而降低了运输成本。

新建公路项目货物运输成本降低额，按没有此公路时，货物通过其他公路或其他运输方式的运输成本，与有了此公路时的运输成本之差额来计算。改建公路项目货物运输成本降低额，按公路未经改建时评价年度交通量状况下的货物运输成本，与经过改建在同一交通量水平下所能达到的货物运输成本之差额来计算。即：

$$B_{hj} = (C_{hw} - C_{hy}) \times Q_h K$$

式中：

B_{hj}：公路新建或改建导致货物运输成本降低的金额（万元）；

C_{hw}：对于新建公路项目，指无此项目时，货物通过其他公路或其他运输方式的单位运输成本（元/千吨公里）；对于改建公路项目，指公路未经改建时，评价年度交通量状况下的货物单位运输成本（元/千吨公里）；

C_{hy}：对于新建公路项目，指有此项目时，货物通过此公路运输的单位运输成本（元/千吨公里）；对于改建公路项目，指货物通过改建后公路运输的单位运输成本（元/千吨公里）。

Q_hK：新建公路或改建后公路的货物周转量（千万吨公里）；

对于客运，新建公路项目旅客运输成本降低额，按没有此公路时，旅客通过其他旅行渠道所产生的运输成本，与有了此公路时的旅客运输成本之差额来计算。改建公路项目旅客成本降低额，按公路未经改建时评价年度交通量状况下的旅客运输成本，与经过改建在同一交通量水平下所能达到的旅客运输成本之差额来计算。即：

$$B_{kj} = (C_{kw} - C_{hy}) \times Q_k K$$

式中：

B_{kj}：旅客运输成本降低的金额（万元）；

C_{kw}：对于新建公路项目，指无此项目时，旅客通过其他旅行渠道时的单位运输成本（元/千人公里）；对于改建公路项目，指公路未经改建时，评价年度交通量状况下的旅客单位运输成本（元/千人公里）；

C_{ky}：对于新建公路项目，指有此项目时，旅客通过此公路运输的单位运输成本（元/千人公里）；对于改建公路项目，指旅客通过改建后公路运输的单位运输成本（元/千人公里）；

Q_kK：新建公路或改建公路的旅客周转量（千万人公里）。

当缺乏旅客运输单位运输成本的资料时，可采用换算吨公里按货物运输单位成本进行间接推算：

$B_{kj} = 0.1 \times Q_kK\ (C_{hw} - C_{hy})$

式中：

B_{kj}：旅客运输成本降低的金额（万元）；

C_{hw}：无此项公路新、改建项目时货物运输的单位运输成本（元/千吨公里）；

C_{hy}：有了此项公路新、改建项目时货物运输的单位运输成本（元/千吨公里）；

Q_KK：新建公路或改建公路的旅客周转量（千万人/公里。乘以 0.1 为换算周转量，单位则用千万吨公里）。

公路新建项目应考虑原有相关公路减少拥挤的效益，如果无新建公路，原有相关公路的混合交通量不断增加，平均行车技术速度相应降低，单位运输成本亦不断提高。由于有了新建公路项目，使原有相关公路交通量转移后减少拥挤，原应提高的单位运输成本不再提高，此项金额的节省即为效益。由于减少拥挤，平均行车速度提高，行驶时间缩短，货客在途时间的节约也应予以计算。计算方法可按照如下公式。

$$B_{hy} = (C_{hw} - C_{hyy}) \times Q_hK$$

$$B_{ky} = (C_{kw} - C_{kyy}) \times Q_kK$$

式中：

B_{hy}、B_{ky}：由于公路新建使原有相关公路减少拥挤的货、客运输效益（万元）；

C_{hw}、C_{kw}：无此项新建公路，原有相关公路货、客运输的单位运输成本（元/千吨公里、元/千人公里）；

C_{hyy}、C_{kyy}：有此项新建公路，使原有相关公路减少拥挤相应的货、客运输的单位运输成本（元/千吨公里、元/千人公里）；

Q_hK、Q_kK：原有相关公路转移到新建公路后，剩余的货物、旅客周转量（千万吨公里、千万人公里）。

当缺乏旅客运输单位运输成本的资料时，暂可采用换算吨公里按货物运输单位运输成本进行间接计算。

公路因改建而缩短里程，其运输成本降低金额，以改建当时交通量状况下的货、客运输单位运输成本计算。即：

$$B_{hd} = C_{ho} \times Q_{hd}K$$

$$B_{kd} = C_{ko} \times Q_{kd}K$$

式中：

B_{hd}、B_{kd}：公路改建缩短里程而降低的货、客运输成本（万元）。

C_{ho}、C_{ko}：与公路改建当时混合交通量状况相应的货、客运输单位成本（元/千吨公里、元/千人公里）；

$Q_{hd}K$、$Q_{kd}K$：公路缩短里程上的货、客周转量（千万吨公里、千万人公里）。

当缺乏旅客运输单位运输成本的资料时，暂可采用换算吨公里按货物运输单位运输成本进行间接推算。

货物节约在途时间的价值，是以货物运送速度提高引起资金周转期缩短而获得的效益来考虑，按在途物资所需资金利息（采用社会折现率）的减少支出量来计算。即：

$B_{hs} = P_r \times Q_hK \times I \times T/(16 \times 365)L$

式中：

B_{hs}：货物节约在途时间的价值（万元）；

P_r：计算年度在途货物平均价格（元/吨）；

Q_hK：新建公路或改建公路货物周转量（万吨公里）；

I：社会折现率；

T：全程节约小时数（小时）；

L：公路线路全长（公里）。

旅客节约在途时间的价值，是以旅客旅行时间缩短，可以多创造价值增加国民收入来考虑，其金额以每人平均国民收入（净产值）份额来计算。即：

$B_{ks} = I_c \times Q_kK \times T/(8 \times 365)L$

式中：

B_{ks}：旅客节约在途时间的价值（万元）；

I_c：计算年度每一旅客的国民收入份额（元/人）；

Q_kK：新建或改建公路上的旅客周转量（万人公里）；

T：全程节约小时数（小时）；

L：公路路线全长（公里）。

公路改建导致交通事故减少，其节约的费用以事故率差及事故平均损失费用计算。即：

$B_{jsh} = P_{jsh} \times (J_w - J_y) \times MK$

式中：

B_{jsh}：减少交通事故节约的费用（万元）；

P_{jsh}：公路交通事故平均损失费（万元/次）；

J_w、J_y：无此项目、有此项目事故率（次/万车公里）；

MK：车辆行驶量（万车公里）。

公路货损事故减少所节约的费用，按货损率差及计算年度在途货物平均价格计算。即：

$$B_{ssh} = (S_w - S_y) \times Q_hK \times P_r / L$$

式中：

B_{ssh}：货损事故减少节约的费用（万元）；

S_w：无此项目时的货损率（%）；

S_y：有此项目时的货损率（%）；

Q_hK：货物总周转量（万吨公里）；

P_r：计算年度在途货物平均价格（元/吨）；

L：平均运距（公里）。

3. 高速公路的间接效益

①带动了公路运输业的发展

高速公路显著的交通运输优越性，使之具备了高水平、快速度、大负荷、远辐射、高效益的特点，从而带动了公路运输业的发展。

首先，高速公路带动了沿线地区路网水平的提高。高速公路是国道主干线的重要组成部分，更是地区公路网的主骨架，高速公路一经建成，必须要求沿线地区公路网与其配套，从而促进了地方公路技术等级及整体通达性的提高。根据沈大高速公路沿线5市与全省公路发展情况的对比资料，等级公路里程、高级、次高级路面里程、通黑色路面的乡镇数量和通公路的行政村数量4项指标，沿线5市1993年比1990年的增长幅度，分别比全省平均水平高25.3、13.3、0.8和12.6个百分点。说明高速公路沿线

5市公路技术水平的提高速度高于全省水平。从京津塘、广深等高速公路的情况来看，都可以得出同样的结论，高速公路带动了地方道路的发展。

其次，高速公路促进了沿线地区汽车运力的增长、结构的改善和站场设施的完善。沈大高速公路沿线5市民用汽车实有数，1990年至1993年期间年均增长14.2%，高出全省同期水平1.6个百分点。与客货运输发展相适应，沈大高速公路沿线5市不断配套完善公路运输公用设施，1991年至1994年5市共建成客货运输站场14项，总建筑规模4.9万平方米。

高速公路也促进了运输方式、运输结构和运输观念的变化。高速公路是现代交通的重要标志，它对运输车辆、运输服务质量以及人们的思想观念提出了更高、更新的要求。西（安）宝（鸡）高速公路开通后，陕西省交通厅及时确定了“车辆高档次、服务高标准、管理高水平”的客运原则，限制低档汽车上路经营，促使运输企业更新车辆，调整结构，改善服务，在1996年一年之内，全省有127辆高档客车（全部带有空调、音响、闭路录像，其中13辆还带有卫生间）投入高速公路运输。全年完成旅客运输量65.7万人次，营业收入2600余万元，成为运输业的一个新的经济增长点。高速公路修建之后，改变了人们一贯认为汽车运输只适合中、短途运输的观念。随着高速公路通车里程的增加和整个路网的改善，使汽车运输的运距不断延伸。不少贵重物品、高附加值产品和鲜活产品，采用简便、灵活、门到门的汽车运输方式，迅速运往全国各地。例如陕西的长岭电器、彩虹显像管、水果、鲜蛋、蔬菜等产品都是如此。从客运来看，同样呈现出向中长运距发展的趋势。目前，由西安经高速公路发往省外的长途班车，春节高峰期间日发车近百个班次，最远发往成都、宜昌、银川、包头、山东、山西等地，运距达千公里以上。货运汽车直发北京、广州、深圳的日趋增多。许多到外省办事的人，如今也改变了乘坐飞机、火车的习惯，愿意改乘汽车出行。可以预料，伴随着我国高速公路的加快联网，汽车长距离运输的时代就会到来。

此外，高速公路加快了沿线地区公路运输的发展。沈大高速公路建成后，沿线5市公路客货运输周转量1993年比1990年平均增长率分别达到8.3%和13.6%，比全省平均水平高出3.9和0.3个百分点。其中高速公路承运的货物周转量又比5市公路货运平均水平高出近1倍。

高速公路在促进运输生产发展的同时，还带来了运输结构的改善和运输领域的拓展，使公路运输趋于多样化、专业化，集装箱运输、冷藏保鲜货物运输等特种运输逐步从普通运输中分离出来，发展成为新的运输形式。沈大高速公路建成后，沿线5市专用、特种运输车辆1993年达到2.1万辆，比1990年增加17.8%，占全省专用、特种车辆总量的58.3%。为配合集装箱运输，大连市配备了一批集装箱装卸机械，建立了中转、堆存、仓储、拆扒等设施场地，初步形成了以大连港为枢纽的集装箱运输网络。

高速公路快捷、舒适的运输环境，也有助于长途公路卧铺客车的发展。大连、营口两市长途卧铺客车经由沈大高速公路最远发至哈尔滨和北京等地。

高速公路建成后，沿线港口依托高速公路快速便捷的交通条件，大力发展海上滚装运输这一新兴的运输方式。目前，已开辟了大连至烟台、旅顺至蓬莱、旅顺至东营4条辽鲁海上滚装运输航线和大连至连云港滚装运输航线。其中，旅顺至蓬莱航线全长66海里，汽车从沈阳经由沈大高速公路直接开上滚装船，经海上直达胶东半岛，全程只需10个小时，比绕行铁路缩短26个小时，成为辽东半岛与胶东半岛间最佳经济航线，被誉为“黄金水道”。据旅顺新港对旅（顺）蓬（莱）航线滚装汽车的抽样调查，大连地区以外的滚装运输汽车97.9%是通过沈大高速公路进港上船的。由于高速公路提供了方便快捷的运输条件，国家已决定在营口鲅鱼圈港区建设商品汽车滚装码头，设计年通行能力19.2万辆，1997年投入使用。随着航线两端基础设施的完善，特别是济（南）青（岛）高速公路的通车，滚装运输必将发挥更大的经济效益和社会效益。

②改善了综合运输结构

我国交通运输体系长期以来处于以铁路为主体，公路为辅助、补充的状态。随着国民经济的发展和运输需求的变化，这种单一运输结构已出现很大的不适应性，铁路运输日趋紧张，运输能力无法满足不断增长的客货运输需要。与沈大高速公路并行的长（春）大（连）铁路沈大路段是全国铁路行车密度最大的线路之一，多年来运输始终处于饱和状态。其中，沈阳至辽阳区段的通过能力利用率超过80%；铁路客运普遍超员，如增开一列客车，就要减掉两列货车。沈大高速公路开通后，公路铁路合理分流，缓解了铁路运输的紧张状况。

沈大高速公路建成前，大连、营口两大港口的货物集疏主要依靠铁路。由于铁路运输日趋饱和，两港货物集疏能力不足，压船、压港严重。高速公路通车后，两港压船、压港问题已基本解决了。大连港1993年货物吞吐量为5959万吨，比1990年增加1007万吨，其中通过公路的集疏量占25%。新增部分主要依靠沈大高速公路运输，占公路集疏量的60%。营口港装船货物中，非金属矿石和水泥两大类约占50%，而这两类货物产区主要在沈大高速公路沿线的营口、海城和岫岩等地，货源地与营口港相距仅100公里左右，因此绝大部分货物是通过公路特别是沈大高速公路进港的。1993年营口港货物吞吐量682万吨，其中通过沈大高速公路集疏货物170万吨，占25%。

沈大高速公路快速度、远辐射的优势，使沈阳、大连两大国际航空港成为辽宁中部城市群、特别是沿线5市的共用机场。各市都建立了民航售票处。最远的营口市到达这两个机场的时间，由过去的6小时缩短到现在的2小时至3小时，鞍山、辽阳市只需一个多小时即可到达。因此，上述3市乘机人数迅速增加，1992年达到7.7万人次，比1991年增加了60%。

③ 改善了沿线城镇的投资环境

地处内陆腹地的陕西，不沿边，不靠海，自古以陆路交通为主。为适应经济发展的需要，以1986年西（安）三（原）一级公路动工修建为标志，高速公路建设进入了一个新的发展时期。到1996年底，先后建成了西（安）铜（川）一级公路、西（安）宝（鸡）高速公路和西（安）渭（南）高速公路，高等级公路通车里程达到350公里。几条高速公路的建成，极大地改善了沿线城市的投资环境，高速公路成为对外交往和招商引资的一个重要硬件。沿线大中城市借助高速公路的优势，制定相应政策，加大开放开发力度，先后建立了国家级、省级高新产业技术开发区15个，并取得了令人瞩目的成就。

西安高新技术开发区，是在西（安）三（原）、西（安）临（潼）高速公路开通后，于1991年建立的。规划面积22.35平方公里，现有入区科技企业近3000家，其中三资企业291家，合同投资额5.69亿美元。企业技工贸总收入连年快速递增，由1991年的2.1亿元增加到1996年的76.96亿元，利税总额达到7.06亿元。1997年上半年已完成技工贸收入41亿元，比上年同期增长了85.2%。其综合发展指标在全国52个高新技术开发区中名列前茅，被国家评为全国十大先进开发区之一和对亚太经合组织开放的4个园区之一。

紧靠西（安）三（原）一级公路两侧开辟的西安经济技术开发区，出门就上一级汽车专用公路，到飞机场只需25分钟。该区1993年设立，到1997年6月，引进入区项目达到119项，其中外商投资项目占总数的61%；协议引进资金65.56亿元，其中外资3.57亿美元。1996年完成技工贸收入11.37亿元，工业总产值4.06亿元，增加值1.17亿元。

位于西（安）宝（鸡）高速公路中段的杨陵区，被誉为中国的农业科技城，拥有农、林、水、牧等大中专院校5所，部省级农业科研单位12个。北方的4个优良小麦品种中的3个出自杨陵。但由于多年来交通不畅的制约，使杨陵失去了多次较大的发展机遇。西（安）宝（鸡）高速公路的建成，改善了杨陵的投资环境，使杨陵成为国家惟一的农业科技示范区。北京中外合资恒星公司1997年5月与杨陵签订了投资2亿元建立果汁果粉饮料厂的意向；西飞集团公司的渭延公司，放弃距杨陵11公里外的原有厂房，迁至杨陵；曾因公路不畅，一些已经迁出杨陵的企业和科研单位又迁回杨陵。目前，13平方公里的杨陵新区，已在高速公路引线两侧启动建设，高速公路成了示范区发展的轴线。

陕西高速公路的建成通车，也使宝鸡、咸阳、渭南和铜川等市的开发区建设有了突破性的进展。目前，入区的企业既有世界著名企业，如德国西门子公司、日本三菱公司等，也有国内的骨干企业，初步形成了电子和微电子、机电一体化、新能源、新材料和生物工程等产业，可以说，随着高速公路的发展，沿线高新技术开发区的产业已经步入了快车道，成为沿线城市新的经济增长点。

④开发旅游资源

陕西是驰名世界的旅游资源大省，已公布的重点文物保护单位多达2500处，其中全省重点保护单位37处。过去由于交通滞后，开发和利用都受到很大限制。

从1989年至1996年，几条高速公路的相继开通，使陕西的旅游事业驶入了快车道。全省以西（安）宝（鸡）、西（安）渭（南）、西（安）铜（川）三条高速公路为依托，逐步形成了以西安为中心的西线、东线、北线旅游新格局。西（安）三（原）公路和机场路开通之后，大大缩短了西安同外地的时空距离，国内外游客下飞机后乘车只需20分钟即可到达西安市区。自第一条高速公路开通以来，全市接待境外游客由1989年的21.2万人次增至1996年的45.3万人次，平均递增11.5%。旅游外汇收入平均递增24.9%。1996年全市共接待国内游客880万人次，旅游收入达47亿元。以秦兵马俑和唐华清宫为代表的西安东线旅游，是陕西最重要的旅游线路。西（安）临（潼）高速公路使临潼成为全国的一个旅游热点。临潼县旅游收入由1993年的1.56亿元，增至1995年的3亿元。同时临潼也成为旅游投资热点。近几年，利用外资先后建起了临潼第三景观——世界八大奇观展馆，临潼第四景观——秦陵地宫、骊山索道、骊山明圣宫和临潼文化娱乐中心。临（潼）渭（南）高速公路开通之后，渭南市的旅游经济便以惊人的速度上升。1997年上半年旅游直接收入6167万元，比上年同期增长89.7%；接待中外游客达78.95万人次，比上年同期增长48.79%。1997年春节期间来华山旅游的海内外游客比往年猛增12倍。西（安）宝（鸡）高速公路开通之初，各大旅行社迅速推出以西（安）、宝（鸡）为干道的西部旅游线路，将茂陵、乾陵、法门寺、楼观台、太白森林公园等古代墓葬群、人文景观及自然风光串连在一起，节省了游客的在途时间。西（安）铜（川）公路开通之后，西安北线旅游资源也很快得到开发，经铜川北上，黄帝陵、延安、壶口瀑布等几十个旅游景点的交通条件十分方便。从1992年西（安）铜（川）开通以来，铜川市接纳旅游人数每年以35%的速度递增。1996年接待国内外旅游人数为通车前1992年人数的7倍。

⑤形成高速公路经济带

1994年建成通车的成渝高速公路，凸现出了令人瞩目的经济价值。它对西南两大重镇——成都、重庆的经济腾飞作用自不必说，沿线中小城市的崛起和经济腾飞，更让人体会到这条长

300多公里的高速公路在成渝两地的社会生活、经济发展中所产生的巨大影响。

白市驿镇，这个距成渝高速公路出口仅两公里的小镇，成为高速公路最近也是最快的受益者，由此成为国家建设部批准的重庆11个卫星城市组团之一。自1995年起，该镇的经济就以20%的速度递增，固定资产总额由4000多万元上升到近3亿元，农民年收入由900元上升到2300元。依托高速公路，该镇已经建成重庆市最大的万亩蔬菜基地，实现了农业产业化、规模化的转变。别具特色的旅游农业、生态农业的开发也成为该地农业经济的一大支柱。由中美投资1亿元合资开发的现代观光农业项目正在实施，不久将建成成渝两地最大的花卉市场，并带动周边农家种花，开发“农家乐”旅游，且与正在开发建设的白鹤林自然生态保护区连成一体，形成10多公里长的观光农业开发带。由于高速公路快捷的交通条件，白市驿镇吸引了大批资金的注入，一个现代化的工业园已经形成，一批科技含量高，具有市场先导性的工业项目也正在实施之中。

璧山青杠镇，借助成渝高速公路通车这一机遇，一跃而成为重庆市第一个市级经济开发区，其财政收入由1995年的37万元迅速增长到1997年的807万元，人均年收入也从900元上升到2500元。通过招商引资建设的白云湖旅游开发区，成为国家旅游局公布的47家重点旅游开发区之一。同时，依傍旅游区的外沿公路开发商贸饮食街，促进了商贸业的发展。此外，高速公路的开通也促进了青杠镇境内交通的发展，使得获全国优质称号的无核橘、梨的销售有了更快捷的通道和更广阔的市场。

在依傍成渝高速公路经济带中，最引人注目的是永川市的快速发展和崛起。由于高速公路的开通，永川市更加显示出它承东启西的区位优势。到1998年底，永川的开发规模达到8平方公里，开发项目达204个，国民生产总值达6.55亿元，是1994年的1.87倍；财政收入838万元，是1994年的2.35倍；经济增长速度从1994年的10%提高到12%。

广深高速公路建成后，东莞市1993年的农业总产值达19.75亿元，建立了粮食、甘蔗、荔枝、香蕉、柑橙、蔬菜、花卉、水产、生猪、禽蛋等农业创汇生产基地，创办了集科研、培训、生产、加工于一体的万亩农业新技术综合开发区和中外合作的创汇型农业综合生产基地，如温塘年丰山庄和石龙德星无菌培育植物有限公司、桥头农业科技实验园、虎门马金山养殖场、厦岗水产养殖场，篁村珍稀动物观光场等一批"三高"农业示范企业。虎门还办起了水果、畜牧等各种类型生产基地122个，初步形成了创汇型、集约化、商品化的农业格局。全市农副产品及其加工品出口品种达200多种，1993年农业商品率达76.27%。

陕西高速公路通达地区，农民群众的观念发生了深刻的变化，商品经济意识日渐增强，他们依靠高速公路发挥当地自然优势，改变了过去以粮为主的模式，逐步形成了咸阳的苹果基地、宝鸡的辣椒基地、武功的大蒜基地、临潼的石榴和西红柿籽种基地，以及高速公路沿线的蔬菜、肉、奶、蛋、禽基地，这些产品通过高速公路运往省内外城市。因而引起农村粮（食）经（济作物）比的迅速变化，以铜川市为例，1993年以前粮经比为80∶20，1996年粮经比达到61∶39，全市多种经营产值也迅速提高，由1993年的1.56亿元，提高到1996年的2.26亿元，已占农业总产值的64%。

沪嘉高速公路开通之前，嘉定、松江沿线各乡镇基本上无土地批租，合资企业占用土地价格十分低廉，每平方米仅5元人民币左右。高速公路通车后，沿线土地身价倍增，每平方米土地批租价达30美元至80美元。莘松高速公路建成通车，松江县沿线乡镇的投资环境得到了改善，为土地的批租、吸引外资奠定了基础。一大批中外客商与企业家前来批租土地，建厂办公司，使土地大幅度增值，土地每平方米价格上升到25美元至50美元。从1992年至1994年底，松江县累计批租土地121块，共400万平方米，土地出租金收入共7768万美元。其中，越是靠近高速公路的乡镇，批租的地块就越多，土地批租量就越大。沿线镇、区土地批租的数量是全县的3/4；沿线土地批租面积占全县的85.8%。

高速公路开通以后，交通更加便利，使高速公路沿线一带出现房地产热，在莘松高速公路入口及莘庄收费口附近，保安新苑、新梅陇小区、大唐江山花园别墅等一片片居民楼群、一幢幢高层住宅楼和花园别墅楼群拔地而起，矗立于高速公路两侧，并沿公路连接线向纵深发展。至1994年末，高速公路沿线的房地产业已呈现快速发展的势头，共有房地产公司24家，比1990年增加95.8%，1993年和1994年共开发住宅面积23万平方米。著名的台湾八威房地产开发公司也进入这里从事房地产开发业务。

高速公路的投入使用，改善了两侧地区的企业生存环境，有利于企业间生产协作和商品交换，增强了综合经济实力。

从纵向来看，高速公路通车后与通车前相比，沿线经济增长速度明显加快。

沈大高速公路，沿线5市1986年至1989年GNP（国民生产总值）平均增长速度是9%，而通车后1990年至1993年上升为14%。

京津塘高速公路北京段沿线，通车前3年GDP（国内生产总值）平均年增17.7%，通车后3年上升为27.8%；京津塘高速公路天津段沿线，通车前3年GNP年平均递增26.1%，通车后2年提高到36.6%。

沪嘉高速公路，通车前3年沿线地区GNP平均增长17.5%，通车后5年上升到24.8%。

从横向来看，高速公路沿线的经济增长速度明显高于周边地区，或高于当地平均水平。

沈大高速公路，1990年至1993年辽宁省GNP年均增长速度为13.6%，同期高速公路沿线5市超过全省1.2个百分点，5市GNP占全省的比重也由1990年的58.3%提高到1993年的62.8%。

京津塘高速公路，1992年和1993年天津市GNP年均递增25.1%，同期高速公路沿线地区高于全市11.5个百分点，在全市GNP中的比重也由1991年的25.3%提高到1993年的30.2%；高速公路北京段1990年至1993年GDP平均每年增长27.8%，超过周边地区2.7个百分点。

沪嘉高速公路，上海市嘉定区1988年至1993年GNP5年平均递增18.3%，同期高速公路两侧产业带GNP增长速度高于全区6.5个百分点，在全区GNP中的比重也由1989年的21.1%提高到1993年的26.1%。

1998年以来，党中央、国务院为应对东南亚金融危机，作出了调整投资结构、扩大内需的重大决策，把加快公路建设作为重中之重，投资规模从1200亿元调整到1800亿元，1999年又计划投资2400亿元。增加公路投资对经济增长的贡献到底有多大？专家们预测，每1元公路投资带动的社会总产出接近3元，相应创造GDP 1元；每亿元公路投资为公路建筑业创造或保留约2000个就业机会，而为公路建设直接和间接提供产品的各部门相应就业机会是公路建筑业的2.43倍。如果1999年全社会公路投资由1800亿元增至2400亿元，即增加600亿元，则这些增量投资在国民经济的首轮拉动中，将带动各部门总产出近1800亿元，其中公路建筑业600亿元，其他部门近1200亿元；在产出近1200亿元的其他部门中，最主要的5个生产部门相应总产出分别为：金属冶炼及压延加工业140亿元，建筑材料及其他非金属矿物制品业102亿元，化学工业75亿元，机械工业65亿元，石油加工业59亿元。增加600亿元公路投资，将相应增加或保留就业岗位411万个，其中公路建筑业120万个，其他部门291万个。

⑥国防保障

高速公路的快速机动，为战时运输和城市紧急疏散以及空防提供了有利条件，在国防和军事上有着重要的意义。

例如，二次大战时期，德国为了适应摩托化部队的快速调集，当时就修建了3860公里的高速公路，并以此作为飞机起飞的临时跑道。美国的州际和国防高速公路网，连接48个州的首府，并与加拿大、墨西哥相连。这些公路战时可通过特大军事装备，有的路段可作重型飞机机场跑道。个别路段附近设置安全区并有专用路线与之连接。这些都适应了现代战争紧急集中和疏散的需要。日本称高速公路为“对国家兴亡关系重大的道路”，已经形成以东京为中心的全国高速公路网，能在半小时内将城市人口疏散，能在2小时内通过高速公路到达全国任何地方。可见高速公路在国防和军事上的重要作用。

4. 高速公路的经济评价

高速公路的经济评价，就是通过对高速公路的成本与全社会公路使用者所获得的效益两个要素的比较来衡量。评价指标主要有效益成本比（B/C）、净现值（NPV）、内部收益率（IRR）和投资回收期（N）。经济评价是公路项目可行性研究的一项重要内容，也是项目建成后进行项目后评估中的一项重要工作。

①可行性研究

可行性研究是在建设前期对工程项目的一种考察和鉴定，对拟议中的项目进行全面的、综合的技术经济调查研究和系统分析，通过技术经济论证作出要建设还是要放弃这个项目的决定（即判断它“可行”还是“不可行”）的一门综合科学。

不论是规划建设一个新的公路项目，还是部分或全面地改扩建现有的公路项目，在投资前，都要作出一系列的决策。例如新建一条高速公路能否获得较大效益，改建原有老路是否值得，正在进行的工程项目要不要继续扩大规模（或延伸里程）等等问题，都要求在投资前进行研究分析，故又称它为投资前的研究。

投资前期的可行性研究，可分为以下步骤：

A.鉴别投资机会（机会研究）

就是在一个确定的地区或部门内，利用对自然资源和市场的调查，以预测为基础，选择建设项目，寻找最有利的投资机会。机会研究又分一般机会研究和具体机会研究两种：

一般机会研究。这种机会研究是通过国家机关或公共机构进行的，目的是通过研究指明具体的投资建议，激发投资者的兴趣。

具体机会研究。在一般机会研究作出初步鉴别之后，即着手进行这种研究。它是以一般机会研究为起点，收集所鉴别对象的有关资料和数据，突出项目的主要投资方面，供投资者考虑。故具体机会研究是要将项目设想转变为概略的投资建议。如果投资者对此建议作出肯定的反应，即可考虑下阶段的初步可行性研究。

对于高速公路项目，机会研究的基本内容大体是：

·项目概述；

·现状调查分析和预测。在项目所在区域进行经济调查、交通调查和线路调查，收集整理资料，作出全面分析，并对远景发展和需求作出预测；

·推荐规划设计方案；

·项目的实施计划；

·财务与经济评价。对投资、成本、效益等方面进行笼统的估算和粗略的经济评价。

B. 初步可行性研究

初步可行性研究是介于机会研究和详细可行性研究之间的研究。在公路项目中，初步可行性研究也称预可行性研究。不少项目仅靠机会研究难以决定取舍，而详细的可行性研究费用又很高，这时在机会研究的基础上再深入一步，其目的是弄清确定的项目概念是否正确，确定有无必要再深入一步做详细可行性研究。同时，初步可行性研究也是编制公路建设中长期规划的基础。

C. 详细可行性研究

详细可行性研究在公路项目中也称工程可行性研究。这是可行性研究的最后一个阶段，所得出的结论是为一项投资的决策提供技术、经济和财务方面的最终依据，它是确定近期建设方案和编制设计任务书的基础。

此项研究要求必须对工程项目涉及的所有方面都进行详尽的调查研究，不得有遗漏，一般应有两个或两个以上的备选方案供决策者选择。

公路建设项目可行性研究报告的内容包括：建设项目的依据及历史背景；建设地区综合运输网的交通运输现状和建设项目在交通运输网中的地位及作用；原有公路的技术状况及适应程度；论述建设项目所在地区的经济特征，研究建设项目与经济发展的内在联系，预测运输量、交通量的发展水平；建设项目的地理位置、地形、地质、地震、气候、水文等自然特征；筑路材料来源及运输条件；论证不同建设方案的路线起讫点和主要控制点、建设规模、标准，提出推荐意见；评价建设项目对环境的影响；测算主要工程数量、征地拆迁数量，估算投资，提出资金筹措方式；提出勘测设计、施工计划安排；确定运输成本及有关经济参数，进行经济评价、敏感性分析（分析如果存在某种预测偏差，会对结论产生多大的影响），对于收费公路，尚需做财务分析；

评价推荐方案，提出存在的问题和建议。

②经济评价指标

无论是项目的国民经济评价（站在国家的立场上计算项目的成本和效益）或财务评价（站在投资人的立场上计算项目的成本和效益），都采用以下4个指标。

A. 效益成本比（B/C）

高速公路项目的效益成本比，按项目计算年限的效益和成本进行分析。效益成本比按动态计算（即考虑资金的时间价值、利息因素）。

$$B/C=\frac{\sum_{t=1}^{t=n}B_tP_t}{\sum_{t=1}^{t=n}C_tP_t}>1\text{，则项目可行。}$$

式中：

B/C：效益成本比；

B_t：第t年的效益金额（万元）；

C_t：第t年的成本金额（万元）；

P_t：按社会折现率计算的第t年的折现系数，$P_t=(1+r)^{-n}$（r为年贴现率）；

n：公路项目计算年限（建设年限加建设后预测年限）。

B. 净现值（NPV）

净现值是反映项目对国民经济所做贡献的一项指标。它是用社会折现率将项目计算期内各年的净效益折算到基准年（项目开始建设的第一年）的现值之和。

$$NPV=\sum_{t=1}^{t=n}(B_t-C_t)\times P_t>0\text{，则项目可行。}$$

式中：

NPV：净现值（万元）；

B_t：第t年的效益金额（万元）；

C_t：第 t 年的成本金额（万元）；

P_t：按社会折现率计算的第 t 年的折现系数；

n：公路项目计算年限（建设年限加建设后预测年限）。

C. 内部收益率（IRR）

内部收益率是公路建设项目在计算年限内，各年净现金流量现值累计等于零时的折现率。

$$\sum_{t=1}^{t=n}(B_t - C_t) \times P_t = 0$$

式中：

B_t：第 t 年的效益金额（万元）；

C_t：第 t 年的成本金额（万元）；

P_t：第 t 年的折现系数；

n：公路项目计算年限（建设年限加建设后预测年限）。

用线性插值公式求得内部收益率。

$$i = i_1 + (i_2 - i_1)\,|PV| / (|PV| + |NV|)$$

一般要求 $i > 10\% \sim 12\%$ 的项目才可行。

式中：

i：内部收益率（%）；

i_2：试算的低折现率（%），采用此折现率时，净现值为正值；

i_1：试算的高折现率（%），采用此折现率时，净现值为负值；

|PV|：采用低折现率 i_1 时的净现值（正）的绝对值；

|NV|：采用高折现率 i_2 时的净现值（负）的绝对值。

D. 投资回收期（N）

投资回收期是以公路项目的净效益抵偿建设总投资所需要的时间。公路投资回收期一般按动态计算。公路投资回收期以公路建设项目投资的第一年算起。投资回收期以年为单位。一般可行的项目要求投资回收期 N<10 年～15 年。

③典型案例

表 2—1 高速公路主要年份国民经济效益

单位：万元

项目	年份	晋级效益	缩短里程效益	节时效益	减少事故效益	减少货损效益	合计
沈大高速路	1990	1883	835.5	1242.3	1587.6	9.7	5558
	1995	20583	9317.3	10660.1	24812.3	81.7	65456.2
	2000	35469	16054.2	16357.4	94941.5	140.8	162962.9
	2005	28153	21765.2	22899.4	199526.7	191.2	292535.2
	2010	63052	28539.1	29987.1	365721.4	250.3	487550.2
北京段京津塘高速路	1991	－1037	4136.3	500	285.1	260	4144.0
	1995	－334	21254.4	2845	1365.1	1236.7	26367.3
	2000	195	28652.8	4819	1788.5	1623.3	37078.4
	2005	1021	38831.4	7879	2341.4	2126.7	52199.3
	2007	1432	44221.5	9605	2635.2	2386.7	60280.4

表 2—2 高速公路项目国民经济评价和敏感性分析

项目	评价期限	指标名称	国民经济评价	敏感性分析(效益下降费用上升各10%)
京津塘高速路北京段	20 年	净现值（万元）	95791.8	63369.4
		内部收益率（%）	30.08	23.7
		效益费用比	3.69	3.31
		投资回收期（年）	8.1	10.00
沈大高速公路	27 年	净现值（万元）	810738.2	637680.2
		内部收益率（%）	21.69	19.6
		效益费用比	2.76	2.26
		投资回收期（年）	16.00	17.00
广佛高速公路横沙—谢边段	20 年	净现值（万元）	7272.2	
		内部收益率（%）	14.5	
		效益费用比	2.00	
		投资回收期（年）	12.00	
西宝高速公路	20 年	净现值（万元）	45471.7	
		内部收益率（%）	16.85	
		效益费用比	1.8	
		投资回收期（年）	9.0	

表 2—3 高速公路主要年份财务收益

单位：万元

项目	1990	1991	1995	2000	2005	2007	2010
沈大高速路	1628	5154	27265	46981	86103	95903	112741
京津塘北京段	—	803	7895	15315	27144	30532	—

表 2—4 高速公路项目财务评价敏感性分析

项目	评价期限	指标名称	财务评价	敏感性分析(效益下降费用上升各10%)
京津塘高速路北京段		净现值（万元）	26294.1	14083.5
		内部收益率（%）	12.5	10.4
		效益费用比	1.55	1.27
		投资回收期（年）	15.6	17.5
沈大高速公路		净现值（万元）	75993.2	620180.9
		内部收益率（%）	11.04	9.26
		效益费用比	3.38	2.77
		投资回收期（年）	18.00	18.00

注：表 2—1～2—4 资料主要来源于参考文献。

由以上分析可以看出：高速公路项目不仅具有显著的无形效益、社会效益；其自身的投入产出效益也是好的或较好的。由于不同时期、不同地区国民经济发展水平的不同，以及各地公路及其他运输网络布局的差异，每一条高速公路的自身效益不尽相同。只要高速公路规划布局合理，投资高速公路项目不仅有利于国民经济的发展和交通环境的改善，也能为投资者带来丰厚的回报。

三

成 本 与 融 资

——高速公路的资金循环

高速公路的成本，包括建设成本和营运成本两部分。其中建设成本所占比重很大，需要多渠道融通资金来满足我国高速公路建设的需要。

1. 高速公路的建设成本

高速公路建设，由于受到自然条件和施工条件的制约，必须进行个别设计、分别施工。即使是相同标准、相同规模的高速公路项目，也需要进行专门的成本核算。高速公路建设成本的核算依据是，交通部颁布的《公路工程估算指标》、《公路工程概（预）算定额》。前者在编制项目建议书和编制可行性研究报告时使用；后者在初步设计方案的比较中使用，作为确定施工成本的依据。

根据上述定额，高速公路的建设成本由建筑安装工程费、设备购置费（包括生产所需的工具、器具购置费）、工程建设其他费用和预留费用四部分组成，如图 3—1 所示。

- 高速公路建设成本
  - 建筑安装工程费
    - 直接费
      - 人工费
      - 材料费
      - 机械使用费
    - 其他工程费
    - 其他直接费、现场经费与间接费综合费用
    - 综合利税费
  - 设备、工具、器具购置费
  - 工程建设其他费用
    - 征用土地费
    - 拆迁赔偿费
    - 建设单位管理费
    - 研究试验费
    - 勘察设计费
    - 供电补贴费
    - 大型专用机械设备购置费
    - 固定资产投资方向调节税
    - 建设期贷款利息
  - 预留费用
    - 工程造价增涨预留费
    - 预备费

图 3—1 高速公路建设成本的构成

①建筑安装工程费

建筑安装工程费是指在公路施工活动中发生的费用，是构成高速公路建设成本的主要部分。其中，直接费是由工程的人工费、材料费和机械使用费组成。直接费既是建筑安装费的主要组成部分，又是计算其他各项费用的基础，所以又称基价。直接费的计算，是根据工程实际发生的人、料、机使用量和公路所在地区的人、料、机单价计算确定。表 3—1 中我们给出各省按 1996 年价格计算出的高速公路的基价。需要说明的是：a. 在此我们以基价代表直接费（即人、料、机费用），只能表述一般情况下的高速公路的直接费。对于某一具体高速公路项目，应根据工程的实际人、料、机消耗量分项计算（与路基高度、宽度、结构形

式、桥涵及构造物数量等因素有关)。b. 表 3—1 的价格不包括 1000 米以上的特大桥工程、隧道工程和需设置的辅道工程、支线工程、大型直通式立体交叉工程。这些工程的有关指标须另行计算。c. 表 3—1 中未列北京市、天津市和上海市的指标,可采用邻近省份的指标计算。表 3—1 仅粗略说明高速公路在一般情况下的成本情况。在具体进行高速公路估价时,应根据交通部颁布的《公路工程估算指标》进行估价。

其他工程费:指主要工程以外的(零星工程)费用。该项费用不多,按直接费的一定比例计算。

其他直接费、现场经费与间接费综合费用:包括施工管理费、施工临时设施费、劳动保险基金、施工队伍调遣费等内容。其计算公式如下:

综合费用 = 直接费 × (1 + 其他工程费率) × 综合费率

综合费率是以省会地点、自治区、直辖市直属施工企业为对象测算的(表 3—1),如与建设项目实际有较大出入时,可以进行调整。

综合利税费指施工技术装备费、计划利润和税金之和,以直接费、其他工程费、现场经费与间接费综合费用之和为基数,按综合利税率的 10% 计算。

根据以上规定,我们计算出各省高速公路的建筑安装工程费如表 3—1 所示。计算公式见表 3—2。

表 3—1 各省高速公路建筑安装工程费及有关费率

	基价(直接费)(万元/公里)			其他工程费率(%)	综合费率(%)	利税费率	建筑安装工程费(万元/公里)		
	平原	重丘	山岭				平原	重丘	山岭
内蒙	954	1157	1280	2.024	35.2	10%	1448	1756	1942
山西	1009	1220	1358	2.024	25.9	10%	1429	1727	1923

	基价（直接费）（万元/公里）			其他工程费率（%）	综合费率（%）	利税费率	建筑安装工程费（万元/公里）		
	平原	重丘	山岭				平原	重丘	山岭
河北	1024	1233	1368	2.024	25.4	10%	1440	1740	1930
辽宁	1034	1248	1375	2.578	28.1	10%	1495	1804	1987
吉林	1031	1236	1362	2.578	29.9	10%	1374	1647	1996
黑龙江	1019	1223	1356	2.578	38.3	10%	1590	1909	2116
江苏	1283	1540	1718	2.433	26.2	10%	1824	2190	2443
安徽	1002	1220	1361	2.433	24.4	10%	1404	1710	1907
山东	1016	1222	1365	2.433	25.7	10%	1439	1731	1933
浙江	1312	1561	1743	2.433	26.4	10%	1869	2223	2482
江西	1132	1361	1555	2.433	25.4	10%	1599	1923	2197
福建	1364	1567	1786	2.433	27.4	10%	1958	2249	2564
湖南	1200	1448	1613	2.264	24.3	10%	1684	2032	2264
湖北	1136	1367	1560	2.264	23.9	10%	1439	1732	1977
河南	1040	1255	1493	2.024	25.0	10%	1459	1761	2094
广东	1425	1657	1821	2.264	27.7	10%	2047	2380	2616
广西	1148	1385	1580	2.264	25.3	10%	1618	1952	2227
贵州	1104	1348	1547	2.274	25.9	10%	1564	1909	2191
海南	1055	1289	1456	2.264	40.2	10%	1664	2033	2296
四川	1130	1389	1579	2.274	26.6	10%	1609	1978	2249
云南	1101	1342	1541	2.274	26.0	10%	1561	1902	2184
陕西	1029	1225	1351	2.073	24.6	10%	1440	1714	1890
甘肃	988	1188	1314	2.073	26.6	10%	1404	1689	1868

	基价（直接费）（万元/公里）			其他工程费率（%）	综合费率（%）	利税费率	建筑安装工程费（万元/公里）		
	平原	重丘	山岭				平原	重丘	山岭
宁夏	964	1177	1298	2.073	28.3	10%	1389	1696	1870
青海	962	1168	1294	2.073	42.5	10%	1539	1869	2070
新疆	949	1133	1252	2.073	44.3	10%	1538	1836	2028
西藏	934	1127	1244	2.073	40.7	10%	1476	1780	1965

注：以上均按1996年价格计算。

表3—2　高速公路建设成本计算方式

代号	项目	计算式
一	指标直接费	指基价
二	直接费	指工程所在地的人、材、机费用之和
三	其他工程费	（二）×规定的其他工程费率
四	其他直接费、现场经费与间接费综合费用	[（一）+（三）]×综合费率
五	综合利税费	[（二）+（三）+（四）]×综合利税费率
六	指标建筑安装工程费	（一）+（三）+（四）+（五）
七	建筑安装工程费	（二）+（三）+（四）+（五）
八	设备、工具、器具购置费	按有关规定计算

代号	项目	计算式
九	工程建设其他费用	
	征用土地费	按有关规定计算
	拆迁赔偿费	按有关规定计算
	建设单位管理费	（六）×费率
	工程质量监督费	（六）×费率
	工程监理费	（六）×费率
	定额编制管理费	（六）×费率
	设计文件审查费	（六）×费率
	研究试验费	按有关规定计算
	勘察设计费	按有关规定计算
	供电补贴费	按有关规定计算
	大型专用机械设备购置费	按需购置的清单估算
	固定资产投资方向调节税	按有关规定计算
	建设期贷款利息	按实际贷款数及利息计算
十	预留费用	包括工程造价增涨预留费和预备费两项
	工程造价增涨预留费	以（七）为基数按规定的计算式计算
	预备费	[（七）+（八）+（九）－大型专用机械设备购置费－固定资产投资方向调节税－建设期贷款利息]×费率
十一	建设项目投资估算总金额	（七）+（八）+（九）+（十）

②设备、工具、器具购置费

该项费用是指为营运、养护服务的设备和工具、器具费用。

高速公路的设备、工具、器具购置费按下面的公式估算：

设备、工具、器具购置费 = 建筑安装工程费 × 1.876

其他费用。

征用土地费。高速公路每公里定额征用永久性用地22.30亩~24.14亩（各省情况不同），临时用地6.13亩。根据各省土地价格估算征用土地费。

拆迁赔偿费、研究实验费、勘察设计费及供电补贴费

这几项费用均以建筑安装工程费为基数，乘以相关的费率。

其中：拆迁赔偿费费率，华北、东北地区为4.674%，华东、华中、华南地区为4.895%，西南地区为4.735%，西北地区为4.535%。

研究实验费费率各省均为0.728%。

勘察设计费费率各省均为2.113%。

供电补贴费费率各省为0.178%~0.222%不等。

③建设单位管理费

建设单位管理费，含工程质量监督费、工程监理费、定额编制管理费、设计文件审查费。按建筑安装工程费的0.15%~0.20%估算。

大型专用机械购置费、固定资产投资方向调节税、建设期贷款利息均按有关规定计算。

④预留费用

预留费用是指在投资估算或概算中难以预料的费用。包括工程造价增涨预留费和预备费。

预留费用在下述情况下经上级主管机关或建设单位同意后才允许开支。

在进行技术设计，施工图设计和施工过程中，在批准的初步设计范围内因局部变更设计而增加的费用。

设备、材料价格和工资单价的价差，但不包括由于管理不善

而造成的价差。

由于自然灾害所造成的损失和预防自然灾害所采取的措施费用。

在上级主管部门组织竣工验收时，验收委员会为鉴定工程质量，必须开挖和修复隐蔽工程的费用。不包括因施工质量不符合设计要求而返工重做的费用。

上级机关指定在本项内开支的其他费用。

在进行投资估算时，预备费以表3—1中的第一、二、三部分费用之和（扣除大型专用机械设备购置费、固定资产投资方向调节税、建设期贷款利息）的11%计算。工程造价增涨预留费按《公路基本建设工程概算、预算编制办法》的规定计算。

根据以上分析，高速公路的建设成本大约为表3—1中所列建筑安装工程费的1.3倍～1.4倍。如果大型桥梁、隧道和立体交叉工程较多，建设成本会更高一些。这里只是作了些粗略的估算，具体计算时，应按照《公路工程估算（概算或预算）》定额进行估算（概算或预算）。

2. 高速公路的营运成本

高速公路的设计使用寿命一般为20年，通过日常维护和大中修，甚至可以永久使用。由于受自然环境和行车因素的影响，高速公路在使用过程中不可避免地要发生磨损，需要通过日常维护、大中修和营运管理工作才能保证高速公路的正常使用。

高速公路的营运成本，主要由养护成本和外差成本构成。其中养护成本是营运成本的主要组成部分。

①养护成本

高速公路的养护成本受自然条件、交通量、施工质量和物价水平的影响，各地高速公路的养护成本差别很大，目前全国还没有一个统一的标准。这里根据我国北方地区几条高速公路的养护情况介绍高速公路的养护成本。

路基养护：包括整修边坡、清理边沟、排水沟及其他排水系统的清淤、维修、加固硬路肩、路基防护等工作。整修边坡包括培土、刷坡等，一般应经常进行，特别在建成初期，边坡植被尚未成型，受雨水冲刷，易形成冲沟。有些路段边坡施工时，不符合设计要求，或留有建筑垃圾，需要集中整理，以后每年应对边坡整修2次至3次；边沟及其他排水系统的清淤，应每月进行1次，但在雨季应随时清理，渗水池清淤应每季进行1次，每年4次；加固硬路肩、路基防护等应根据实际情况，安排一定数量的小型工程费，不断提高路基的稳定性和使用效果。

路面养护：包括每年1次的路面使用性能检测，路面病害处理、路面清扫和冬季除冰雪防滑等。

桥涵构造物养护：包括桥梁检测、桥梁伸缩缝泄水孔清理，支座的检查及维修，桥梁栏杆扶手刷漆维护，锥坡及其他构造物勾缝、抹面、加固等维修工作。通道下排水系统的维护，雨季积水淤泥清理。

绿化物管理：包括每年2次剪枝整型，灌溉每年不少于4次；绿化带中耕除草，每年4次；防治病虫害（打农药）每年3次至4次；施肥每年3次至4次。另外，每年还应安排适当的费用用于绿化物缺损路段的补植。

交通工程设施的养护：包括维修标志、标线，即标志牌除锈刷漆、更换，以及修补反光标线等，每年2次；修补隔离网，每月检查1次，及时修补；沿线警示桩及隔离墩刷漆，每年1次；防撞钢板检修清洗，每年2次。

服务设施养护：主要是对服务区、收费站设施的维修等。

对于路面沉陷处理、复平、补坑槽、翻修路面及稍大些的路基防护工程、桥头防护工程等，由于工程量和投资较大，应作为中修工程考虑，不列入日常养护之中。

按照公路养护会计记账制度，养护费用的分类及各类费用的大致比例如下：

人工费占24%，材料费占33%，机械使用费占17%，其他直接费占7%，小型工程费占10%，路面及桥梁检测费占8%，工具费占1%。

其中：人工费和机械使用费随高速公路养护的机械化程度而变化。机械化程度高，人工费会低一些，而机械使用费会高一些，并且总的养护费用也会高一些。反之，机械化程度低，养护总费用会低一些，但人工养护量大对交通安全是不利的。

养护工作内容与养护费用的关系。

根据初步统计，各部分的养护费用为：路基占14%，路面占30%，桥涵构造物占12%，绿化占25%，交通安全设施占8%，附属设施占19%，路桥检测占8%，巡查及其他占10%。

高速公路建成后，初期的养护成本约为每年每公里2.5万元，随着路龄的增长，养护作业量会增加，以后每年的养护费用将以10%左右的速度增长。即每公里养护成本为：$S=2.5\times(1+10\%)^{n-1}$（n为道路使用年限）。

②外差成本

高速公路的兴建和营运，会造成环境污染等消极外差因素。外差成本是指国民经济为消除或减少消极外差因素而付出的代价。

据估计，交通运输行业给社会造成环境污染的严重性居第二位。交通运输项目的兴建和营运，一方面给社会带来好处，另一方面又迫使社会花钱采取防污措施，如装置防噪去污设备、改建房屋等。这些费用不论由谁负担，对国民经济而言，总是付出了代价，总是反映了资源的消耗。

外差成本的计算，目前还没有一个统一的方法，但这项成本是客观存在的，在成本分析时不能不加以考虑。

3. 高速公路的经济成本与财务成本

经济成本与财务成本有许多一致的地方，但又有明显的差异。它们之间的差异主要表现在以下三个方面。

衡量的观点不同。经济成本是站在国家的立场上看问题，衡量由于执行某一项目而带来多少的国民经济收入和支出，故经济成本反映的是宏观经济。财务成本反映的是微观经济，它仅是站在项目执行者的立场上看问题，从项目执行者的角度考察项目的支出和收入。例如修建高速公路时，政府对土地资源的使用给予优惠政策，则国家为高速公路付出了经济成本。而高速公路的建设者（投资者）则由于土地优惠而减少了财务成本。再如高速公路收费经营中的税收，对于国家来讲是经济收入，对于高速公路经营者来讲则是财务支出。

鉴别成本的原则不同。鉴别财务成本是以货币的支付和现金流量的减少为基本原则；鉴别经济成本是以减少的国民收入为惟一原则。如运输项目造成了环境污染，如果营运者不对其进行治理，就不发生财务成本。但对国家而言，无论治理与否都要发生经济成本，因为环境污染给工农业生产和人民健康带来了影响。

对稀缺资源的计值方法不同。财务成本是以现行市场价格为尺度对项目投资资源计值，而经济成本是以资源的机会成本为尺度计值的。在完全竞争的市场中，资源的市场价格和资源的机会成本是一致的。但在现实生活中，由于垄断和市场分割、税收、补贴、进出口限制以及政府的干预，导致市场价格与机会成本的不一致，将使项目投入资源的经济成本失去真实性。为纠正被市场价格所歪曲了的资源代价，需对财务成本按资源的机会成本进行调整。

4. 高速公路的投资与融资

高速公路建设投资额巨大，完全依靠政府投资是不现实的。这是因为：政府用于公路建设上的资金是有限的，并且要照顾到整个公路网的发展。如果仅靠政府投资，高速公路的建设就会受到资金的严重制约；高速公路的受益者是公路的使用者，“谁受益，谁投资”符合市场经济的运作规律，同时可以增加高速公路建设的资金来源，调动社会各方面修建高速公路的积极性；世界上不少国家如日本、法国、意大利等，都制订了由企业面向社会集资修路，收费还贷的特许经营政策，即由政府部门和投资企业签订特许经营合同，政府授予企业一定时期的特许经营权，主要是公路收费和管理权，由企业负责筹资、建设、经营管理和维修养护，特许经营期满后，将完好的公路移交给政府。这一政策的实施，大大加快了这些国家高速公路的发展。

关于基础性项目投融资改革的基本思路。

《中共中央关于建立社会主义市场经济体制若干问题的决定》指出，近期内要在金融、财税、计划、投资、外贸等方面迈出重大改革步伐，把投融资确定为近期改革的突破口之一。为多渠道融通资金，解决高速公路建设资金紧张问题提供了政策保障。

投融资改革的总体目标是，改革投融资方式，充分发挥市场对投融资活动的调节作用；建立投资的风险约束机制，确定企业是基本的投资主体，企业的投资由企业决策，同时承担投资风险等。

拓宽基础性项目的投融资渠道。这部分投资主要包括具有自然垄断性、建设周期长、投资量大而收益较低的基础设施和需要政府进行重点扶植的一部分基础工业项目的投资等。今后一定时期内，这类项目大部分属于政策性投融资范围，主要由政府集中必要的财力、物力，通过经济实体进行投资，并广泛吸收地方政府、企业参与投资；有的还可以吸引外商直接投资。

为了加强基础性项目的建设，一是要拓宽投融资渠道，加大投资力度，提高其在全社会固定资产投资中的比重。对交通、能源等新建的基础性项目，鼓励合资建设并组成规范化的有限责任公司，符合条件的组建成股份有限公司。二是要加重地方政府进行基础性项目建设的责任。今后除了事关国计民生、跨地区的重大基础设施项目的建设由中央政府投资主体为主承担外，地方性的交通设施和城市公用设施等的建设，应按照“谁受益，谁投资”的原则，由所在地政府作为投资主体。对于经济不发达地区，中央政府可以按项目定期定量给予补贴投资。三是制订有关政策，支持基础性项目，扩大利用外资。四是充分发挥省级地方投资公司在地方基础性项目投融资中的主体作用。

①高速公路的投融资

根据投融资改革的基本思路，高速公路建设的资金来源主要有以下几种（图 3—2）。

- 高速公路资源来源
  - 自有资金
    - 政府投资（包括利用各种税费收入的投资）
    - 中外合资经营与合作经营
    - 发行股票
    - 投资基金
  - 对外筹资
    - BOT 方式
    - 银行贷款（国内、国外）
    - 发行债券
    - ABS 方式
    - 其他方式

图 3—2　高速公路资金来源

②政府投资

高速公路建设需要一部分政府（包括中央政府和地方政府）投资，是因为高速公路作为国民经济的基础设施，具有巨大的社会效益。“要想富，先修路”已成为人民群众和各级政府的共识。邓小平同志讲到：“基础工业，包括交通、能源等，要加强这方面的投资，要坚持十年到二十年，宁肯欠债，也要加强。”“多搞一点铁路、公路、航运能办很多事情”。

政府用于公路建设的资金来源，主要是养路费、车辆购置附加费（以后将开征燃油费）等收入，取之于车，用之于路。政府掌握一部分公路建设资金，有利于国家对干线公路网的统一规划，使公路网发挥最佳的整体社会效益。

目前，我国公路建设支出占 GNP 的比重为 0.7%。发达国家这一指标为 2% 左右。发展中国家约为 1.5%。公路设施具有很强的社会公益性，国家在经济发展的同时，应加大对公路建设的资金投入。

③中外合资经营与合作经营

中外合资经营。是指两个以上的法人、自然人共同投资，共同经营，共担风险，共负盈亏的一种经营方式。采用这种方式的好处是：既利用了外资，弥补了国内建设资金的不足，又不增加国家债务负担，同时还可以吸收国外先进的技术和经营管理经验。

中外合作经营。是指由外国投资者提供资金、技术、设备，而东道国的合作者提供基础条件，如场地、劳务等，双方合作从事特定项目的经营，在平等互利的原则下，双方按约定的分成比例，约定的年限分配收益，深为中外双方合作者欢迎。

在利用旧路改造成高等级公路时，我国一些省份还采用了以旧路合资的方式。对某条旧路，经产权界定、资产评估后，折价入股，双方合资，外方投入资金用于旧有公路改建，提高公路等级。对改建后的公路收取过路费，共享利润、共担风险。这是在资金紧缺的情况下，充分利用资源，发展高速公路的一项有效措施。

④发行股票

我国的股份制于1983年开始试点，经过10多年的探索，尤其是在社会主义市场经济的理论确定以后，已经发展到相当的规模，并取得了成功的经验。至1997年底，全国的股份有限公司约有1.3万余家，其中上市公司700家，市值最高达2万亿元，尽管这样，新股发行仍供不应求，近几年新发行新股申购中签率大多在1%以下。实践证明这种直接融资方式有利于集中社会闲散资金办大事。对于以往需要若干年才能申请到建设资金的项目，采用发行股票集资，做好准备工作之后，几天时间便可完成。尤其是交通基础设施项目，与第一、第二产业的一般经营性项目相比，具有收益稳定性（不会暴涨暴跌）。准行政性（政府给予一定扶持政策）、准垄断性（很少有竞争）等特性，一般情况下，其收益必然随着社会经济的发展而逐步提高，投资风险相对较小，其股票发行必然会受到投资者的青睐，这为高速公路股票的发行，提供了极大的可能。同时，国家提出股票、债券的发行，要优先考虑基础设施建设的需要，又为我们提供了政策保障，我们应当很好地利用这一政策机遇和市场机遇。

采用发行股票这种方式，要求组建规范化的股份有限公司，按《公司法》的要求对高速公路项目进行经营和管理，要讲求项目的投资效益。

⑤投资基金

基金业务实质上是一种信托业务，通过发行收益凭证募集资金后，由专门的经营管理机构用于证券投资或其他实业投资，其收入在扣除管理机构费用后的收益全部归投资人所有。基金的特点是：投资者不直接介入投资管理；筹资期限较长。根据国家计委透露争取近期在国家金融部门领导下，分别设立一家跨行业的全国性的产业基金和一至两家跨地区的区域性的产业投资基金进行试点，并在试点的基础上积极稳妥地有步骤地循序发展。高速公路项目收益稳定，对产业投资基金有一定的吸引力。

⑥BOT 融资

BOT（Building—Operation—Transferring 即建设——经营——转让）融资的基本做法是，国家选择一批效益好的工程项目，采取一系列优惠政策鼓励国外投资者或私营部门投资建设，然后在一定的优惠期内由投资者经营、管理建成后的项目，待优惠期满后，将项目转交给国家。BOT 作为一种行之有效的融资方式，愈来愈受到世界各国的关注，特别是亚洲一些国家或地区，普遍采用这种方式来吸收外资加快交通基础设施建设，改善本国（地区）的投资环境。据国际有关机构估计，现在约有 200 多个 BOT 项目在发展中国家实施。BOT 方式对发展中国家来说，具有引进技术与利用外资相结合的特点。不需要本国政府投资，不会增加本国债务，不会对项目所在国带来任何经济上的风险。

我国颁布的《公路转让经营权实施条例》，为我们采用 BOT 方式融通高速公路建设资金提供了法律依据。

⑦银行贷款

银行贷款是一种通过商业银行的间接融资方式，贷款修建交通基础设施，收费偿还，是我们比较熟悉的融资方式。目前国内银行已经完成了商业化改造，银行提供贷款要充分考虑贷款风险，但交通基础设施项目，受国家政策扶持，只要项目规划合理，收益是有保障的，因而成为银行乐意投资的方向。在国际资本市场上，拥有数万亿美元可供流动，仅 1993 年全球资本市场中项目融资借贷达 8100 亿美元，而对这些国际资本最有吸引力的，是那些经济发展最具活力和投资回报率最高的亚洲地区（包括中国市场）。这些为我们利用国内、国外贷款创造了条件。

银行贷款要有一定的条件，无论是借款单位或银行都要承担一定的风险。因此，银行贷款条件非常苛刻，例如世界银行贷款，要求项目在经济上和技术上是健全的，并列入贷款国最优先的经济建设项目；要求在实施中和完成后必须有良好的管理；对贷款的偿还要有可靠的保证；需要贷款国（或单位）有一定比例的配套资金；在项目实施和完成后的营运阶段还要受到严格的监督。这些条件看似苛刻，但对于保证银行的利益是完全必要的。在国内，今后由商业银行贷款的项目也将实行严格的审查和监督。实行建设项目资本金制度，即根据项目的投资总额，投资单位必须先注册一定比例的自有资金（不得使用借入资金），凡是需要向银行贷款的项目，应具有登记注册的会计师事务所或审计师事务所的验资证明。实行抵押贷款（包括以投资建成的项目作抵押）制度和担保制度，增强投融资风险意识。

⑧发行债券

向社会公开发行高速公路建设债券，类似于银行贷款，需要还本付息。目前社会上发行的债券品种很多，有国家债券、金融债券、铁路建设债券、电力建设债券、三峡建设债券、石化建设债券等。高速公路建设债券仅在部分省份小规模发行。债券的期限可长可短，目前在国内期限最长的有 10 年期国债，短期的有半年、几个月不等。与股票投资相比，债券投资风险小，收益稳定，能够受到投资大众的青睐。

高速公路建设债券的发行主要通过以下三种方式：一是银行、金融机构包销；二是采用向有关部门（如高速公路沿线受益单位）分摊；三是向社会公开发售。

⑨ABS 融资

ABS（Asset—Backed—Securitization）即资产证券化融资。它是原始权益人将其特定资产产生的、未来一段时间内稳定的可预期收入转让给专业公司，专业公司将这部分可预期收入证券化后，在国际或国内资本市场上进行融资。ABS 融资可以以存量资产换增量资产，加快我国高速公路的发展速度。

尽管 ABS 融资在美国等发达国家已经十分成熟，但在我国还是新生事物，必须通过试点，并进行有针对性的立法工作，规范 ABS 全过程中各方主体的行为，稳步实行。

⑩其他融资方式

以批租土地的形式补偿工程支出，鼓励企业对高速公路投资。例如，广西省北海市疏港大道 14 公里长，预算工程费用 1.5 亿元至 2.9 亿元，北海市缺乏这笔资金。北海市政府大胆创新与湖南国际信托投资公司商定：由湖南国际信托投资公司带资修路，北海以批租土地形式补偿工程支出。这样对湖南方来说，尽管占用大量资金，但因此得到上千亩土地，可搞公路沿线的房地产开发，预计收入会超过对公路的投资，而北海不花一分钱既搞了基础建设，又开发了资源，可谓两全其美。

对高速公路沿线一定范围内的厂矿、企业征收特别评估税。由于高速公路对沿线企业的发展起到促进作用，根据高速公路对这些企业产生的效益（评估效益）征收一定数量的特别评估税也符合“受益者负担”的原则。

在高速公路沿线两侧建造并经营各项服务设施，转让或租赁给国内外投资者。例如大连市充分利用高速公路的优势，沿沈大线规划 12 个农、工、商业开发区；意大利国家公路管理局每年费用支出的 10% 来自道路的广告收入；高速公路的服务区、加油站、修理站等，既方便了高速公路的使用者，又是高速公路的收入来源。

总之，可以通过多种渠道融通高速公路建设资金，促进我国高速公路的快速发展。我们面临的任务是：要深入学习社会主义市场经济理论，切实掌握各种投融资方法的运作规律；增加投资风险意识，新的投融资方法都要求投资者承担投资风险。对此，在项目立项上要进行严格的筛选，科学的论证，切实保证项目有较好的经济效益和社会效益；从市场融资建成的项目，一般要按照《公司法》的要求进行经营与管理，例如目前实行的“一路一公司”、“一桥一公司”的管理模式。对此,必须改变传统的事业单位的管理模式,把高速公路公司的经营者培养成为真正的企业家。

5. 高速公路的收费

通过银行贷款和其他方法融资修建的高速公路，都需要通过收取过路费进行偿还。

①国外公路收费概述

公路收费的历史可以追溯到200年以前。在1794年，美国私营公司完成的从费城到兰开斯特收费公路是世界上第一条具有重要意义的收费公路。由于利润可观，极大地推动了私人修路的积极性。到1800年，许多州都成立了收费公路建设公司。例如，宾夕法尼亚州建立了85个公司，修建了3500多公里收费公路；纽约州建立了135个公司，修建了2400公里收费公路。

近二三十年来，许多国家，包括发达国家和发展中国家，大量修建收费的高速公路。美国、日本、澳大利亚等国，收费高速公路发展很快。例如澳大利亚，除了普通公路（包括州内主干公路和部分由政府投资的高速公路）不收费外，其余高速公路均要收费。这些国家采取公路收费的理由是：

公路收费可以在道路使用者（需求）和道路建设者（供给）之间建立直接联系。使用者在使用道路前必须衡量其所得是否超过其所付；供给者必须衡量其收入是否可以弥补其成本。这样，收费价格与道路使用成本和服务质量联系起来，将会有益于对稀缺资源的有效利用。

公路收费可以得到财政收入。尤其当政府财政拮据，从一般税收收入筹资有限时，公路收费是取得收入的一种可能来源。

公路收费可以鼓励私人企业参与道路建设投资和道路管理，吸收私人资本投入到公路基础设施建设中来。

将收费公路作为企业来管理，可以实现比事业单位管理更高的效率。

政府可以运用价格杠杆，调整交通量在公路网上的分配。

然而，经济理论界也有反对道路收费的，理由可以概括为两点，一是收费可能偏离边际成本，以致不能充分利用道路的通行能力，导致资源利用缺乏效率。二是以收费收入来选择公路建设项目，只是利用财务分析对公路项目进行选择，可能会取消最有经济效益的道路项目的投资建设机会。

由此可见，并不是所有高速公路都适宜收费。归纳起来，在下列条件下采用收费的方法是有效的。

一国的经济形势表明，如果将私人投资转化为公共投资，会明显有利于经济的发展，而政府此时又找不到合适的资金来源。

在公路（包括桥梁、隧道）没有替代物，亦即交通量只能使用它们而没有其他选择时；或者虽有其他选择但代价更高。用经济学的术语讲就是，交通量较大，而需求弹性很不充足，只能用收费补偿成本。

公路（包括桥梁、隧道）的使用已产生拥挤，而暂时又无法增加通行能力。

以上是一些运输经济学家认为高速公路可以收费的一些条件。仔细分析可以看出，这些条件有两个最主要的出发点：一是通过公路收费偿还公路融资的财务目标；另一个是尽可能减少由于收费而造成的宏观经济效益的下降。

②我国的公路收费政策

为了解决我国公路建设资金紧缺问题，1988 年初，交通部、财政部、国家物价局联合颁布了《贷款修建高等级公路和大型桥梁、隧道收取车辆通行费规定》，该规定正式批准，凡贷款修建的高等级公路和大型桥梁、隧道可以收取车辆通行费。

在该规定中说明了允许上述基础设施收费的目的是：“为调

动各方面修路建桥的积极性，促进公路交通事业的发展，适应经济建设的需要。”收费条件是：凡利用贷款（包括需归还的集资，以下同）新建、改建（不包括局部改造）的高等级公路（即二级和二级以上的公路）或大型桥梁、隧道，需要偿还贷款并符合下列条件之一的工程项目；建成后由省级公路主管部门归口，报省级人民政府批准，可对过往车辆收取通行费。

桥梁300米以上，隧道500米以上。改轮渡为桥梁时，其收费条件可适当放宽到桥长200米。

高速公路，里程在10公里以上的一级公路及里程在20公里以上的二级公路。

制定收费标准的原则是：“按桥梁、隧道、公路长度，还款额度、收费期限，交通量大小，车辆负担能力和便利通行等因素综合考虑，定出合适标准。”“具体标准由省级公路主管部门会同省级财政部门、物价部门，按上述原则提出方案，报省级人民政府批准。”收费收入的使用：“收取的通行费只许用于偿还贷款和收费公路、公路构造物的养护及收费机构、设施等正常开支，绝不允许挪作它用。”

③公路收费标准的确定

公路收费不是对所有公路都进行收费，而是对利用贷款和其他融资方法修建的高等级公路进行收费。收费原则也不像工业产品那样，全部按市场原则进行补偿。如果这样，公路收费标准就应当按照修建这条公路的全部劳动消耗来确定，即公路收费应当能够补偿修建这条公路的投资、日常维护费用和管理费的开支，并且能够取得盈利。按这种原则确定收费标准，在没有替代的道路（桥梁、隧道）上是可行的，因为无论收费多少，汽车只能走这条路而没有其他选择。但是，在有替代道路的情况下，道路使用者可以作出选择。在这种情况下，对每辆车收取的过路费不能超过这辆车使用收费道路获得的级差效益，否则就会造成交通量的转移，无法实现收费的目标。

车辆使用收费道路获得的级差效益是指，与替代道路相比，使用收费道路可使汽车减少行车成本（包括节约燃料和机械损耗等）、节约客、货在途时间的效益。这些效益除按照第二章所述的方法计算外，还要考虑驾驶员的心理因素。驾驶员在行车时，不可能详细计算这笔经济账，主要是根据各自的判断决定是否选择收费道路，这样就使得收费标准同转移交通量之间的关系变得复杂化。目前虽然在理论上推导了多种收费模型，但哪一种模型能够实现最佳收费目标还不确定。

总之，收费标准的制定，应当站在道路使用者的立场上，应当计算出道路使用者获得的级差效益，根据级差效益的大小制定收费标准。同时还要进行必要的宣传，告诉道路使用者使用收费道路的好处，从而达到收费还贷的目的。

站在道路使用者的立场上制定收费标准，可能实现不了道路建设者收回投资的财务目标。对此，国家计委颁布的《关于建设项目经济评价工作的暂行规定》指出："财务评价和国民经济评价都可行的项目或方案，才能被通过。当两种评价的结论发生矛盾时，应按国民经济评价（即考虑项目的社会效益）的结论考虑项目或方案的取舍。少数确属必要，宏观效益好，但微观效益不够好的项目，在评价时，可采取优惠经济措施的建议，使项目既能满足于经济发展的需要，又具有财务生存能力。"

6. 高速公路的投资管理体制

根据高速公路项目具有竞争性和基础性的特点，中央政府允许并鼓励各行各业，各种经济成分投资修建经营性的高速公路。

①政府投资主体

各级政府通过预算拨款、政策性收费和交通规费所筹措的资金，除部分用于非经营性的公路项目外，其余可作为资本金，成立各种形式的高速公路建设投资开发公司。公司按照国家制定的产业政策、投资政策及高速公路发展规划，参与高速公路的投资，通过有偿使用来回收资金，实现滚动发展的目的。

高速公路建设投资开发公司按照公司法的要求组建和经营，具有独立的法人资格，建立投资风险和投资约束机制，明确其责、权、利的关系。

高速公路建设投资开发公司对各级交通部门注入的资本金承担投资建设、经营管理、收回投资本息及保值增值的责任风险。增值部分按一定比例上缴各级交通管理部门，用于新的公路建设项目投资，其余部分除按规定留成后，并入公司资本金，增加公司再投资的能力。在政府同其他经济成分（包括外商）联合投资修建高速公路，或以老路入股合作时，经产权界定、资产评估，公路建设投资开发公司以企业法人的资格，代表交通管理部门参股，成立相应的董事会，共同进行建设、经营、管理及收益分红。

公路建设投资开发公司的资金来源，除政府投入外，主要靠银行贷款及市场融资，当然，公司承担贷款和市场融资的还本付息责任。这就要求公司管理人员具有较高的经营管理水平，以确保投入资金的保值增值。

②企业投资主体

由于高速公路投资收益稳定，受国家政策扶持，将成为企业投资的一个方向。国家的扶持、优惠政策有：划拨土地给企业开发，拍卖公路沿线的土地使用权，低税收等。

③外商投资主体

近几年，在高速公路建设方面，外商投资规模之大、项目之多是前所未有的。外商逐渐成为补充公路建设资金不足的强大力量。

④其他投资主体

改革开放以来，要想富、先修路、小路小富、大路大富，高速路快富的观念已逐渐深入人心，成为国民的共识。举国上下产生了巨大的投资公路建设的热情，国家也将公路投资作为今后一段时期的四大投资热点之一，社会各方面的投资热情必将推动我国高速公路建设的稳步发展。

四

设 计 与 施 工

——高标准、严要求

公路是一种空间线形结构物，公路设计包括线形设计和结构物设计两个部分。

公路线形是指公路中线的空间几何形状和尺寸。这一空间线形投影到平、纵、横三个方面而分别绘制出反映其形状、位置和尺寸的图形，就是公路的平面图、纵断面图和横断面图。平面图反映公路在平面上的位置，即反映公路的走向、左右转弯等情况，它由直线和曲线两种基本线形要素组成。纵断面图反映公路起伏变化情况，即上坡或下坡等情况，它由直线（直坡段）及曲线等基本要素组成。横断面图反映公路的横向宽度、横向坡度等情况。公路设计中，平、纵、横三方面是相互影响、相互制约、相互配合的关系，设计时应综合考虑。公路线形设计时还要考虑技术经济和美学等方面的要求。

公路结构物是构成公路的实体，它要承受行车荷载和自然因素的影响。公路结构物包括路基、路面、桥涵、隧道、排水系统、防护工程、特殊构造物及交通服务设施等。

1. 高速公路的线形设计

高速公路的线形设计的基本原则是，在满足车辆和乘客快速、安全、舒适行驶的前提下，尽可能地降低工程造价。因此，设计者应当熟悉路线线形的各种因素，熟悉驾驶员的心理状态、体能及视觉的影响、车辆的性能等，同时还要考虑地理环境的因素，使公路线型与自然风景相协调，使高速公路成为自然景观的一个组成部分。

①平面线形

公路的平面线形的传统做法多采用长直线与短曲线的形式。在高速公路上行驶，由于路况好、车速高，笔直的高速公路单调无味没有变化，对驾驶员的视觉感乃是极为严重的疲劳轰炸，容易使驾驶员在方向盘上打瞌睡。曾有驾驶员讲道："我们在公路上开车，一连几个小时不得休息，耳中听到的是坐在旁边的朋友呼呼入睡的鼾声，眼中所见的是一望无际的灰色公路，没有弯曲、没有村庄……什么变化都没有，过一会我也忍不住瞌睡了……"据资料，米兰至波伦亚的一段道路极为单调，意外事故中的37%是驾驶员在方向盘上打瞌睡的结果。

因此，当今的高速公路已趋于以曲线为主的设计，如京津塘高速公路曲线段占路线全长的76%左右。在德国，已将园艺学和现代化的道路技术配合在一起，使公路很巧妙地与自然风景相协调。优良的线形是以顺应地形的变化，在曲直之间寻求其自然流畅，并将自然环境配合得十分协调，使公路与天然景物结合成一体，使得人们在公路上行驶，既有安全的空间又有令人赏心悦目的景色，从而可使驾驶员在优美的环境之下轻松愉快地开车、减轻路途的疲劳。

②直线

尽管我们讲到高速公路要避免长直线，但直线具有前进方向明确、路线直捷、测设简便等优点，仍作为平原地区公路的主要线形。只是在选取直线及其长度时要慎重考虑，避免使用过长的直线段。此外，从行车和线形流畅方面考虑，直线在曲线之间的最小长度也有限制。

我国《公路工程技术标准》（JTJ01—87）规定的高速公路直线最大长度和最小长度如表 4—1 所示。

表 4—1　高速公路直线长度的规定

设计车速度	最大长度	最小长度	
		反向曲线间	同向曲线间
120km/h	2400m	240m	720m
100km/h	2000m	200m	600m
80km/h	1600m	160m	480m

③圆曲线

在公路的两直线段交汇点处，用曲线将其平顺地连接起来，以利于汽车安全正常地通过。这段曲线称为道路平曲线。道路平曲线又分为两种：一种是曲线的曲率半径为常数，即曲线是半径为某一常数的一段圆弧，称圆曲线。另一种是曲率半径连续变化的曲线，称缓和曲线。

汽车在圆曲线上行驶受到离心力 $P=mv^2/R$ 的作用，在车速一定的情况下，圆曲线半径 R 越小，离心力越大。离心力的作用会使汽车产生向外倾覆和滑移的危险，离心力过大还会使乘客感到不舒适，也会增加汽车燃料消耗和轮胎磨损。因此要限制公路圆曲线的最小半径。高速公路圆曲线最小半径的极限值和一般值如表 1—1 所示。设计时，要尽量采用较大的圆曲线半径。

平曲线的最小长度也有限制。若曲线很短，则驾驶员操作方向盘频繁变换，在高速驾驶时是危险的。同时，曲线长度过短，离心加速度的变化率过大，使乘客感到不舒适。因此，要求汽车在圆曲线上行驶时间不少于3秒钟，据此计算出高速公路平曲线最小长度为：平原微丘区200米，重丘区170米，山岭区100米至140米。

④缓和曲线

在直线与圆曲线之间或半径相差较大的两个转向相同的圆曲线之间，设置的一种曲率连续变化的曲线叫缓和曲线，如图 4—1 所示。

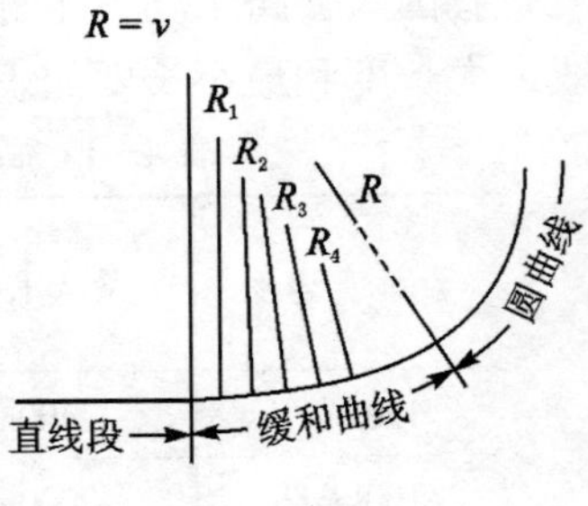

图 4—1 缓和曲线

缓和曲线作为公路线形中的高级曲线而被广泛使用于各级公路，尤其是高等级公路。它具有下述三个作用：提供曲率的逐渐变化，因而适应汽车的转向操作和行驶轨迹；线形更流畅、美观并与视觉相协调。汽车由直线经缓和曲线过渡到圆曲线（或反方向），离心力是逐渐增大（减小）的，从而提高乘客的适应性和改善驾驶条件。

缓和曲线的形式一般采用回旋曲线。当汽车等速行驶、等速转动方向盘时，汽车行驶轨迹与回旋曲线是一致的。

缓和曲线的最小长度也有限制。对于高速公路，设计速度120千米/小时时为100米，设计速度在100千米/小时时为85米，设计速度在80千米/小时时为85米，设计速度在60千米/小时时为50米。

⑤行车视距

为充分保证行车的安全，驾驶员应能随时看到前方一定距离的道路以及道路上的障碍物及迎面开来的汽车，以便及时刹车或绕过。汽车在这段时间里沿道路路面行驶的必要安全距离，就是行车视距。对于任何路段，无论是平面上还是纵面上，均应保持必要的行车视距。行车视距又分为停车视距、会车视距和超车视距三种，如图 4—2 所示。

停车视距，在单车道或有明显分隔带的双车道上行驶的汽车，驾驶员发现前方有障碍物时，能够在障碍物前停住的最短距离。

会车视距，是指两个对向行驶的汽车能在同一车道上及时刹

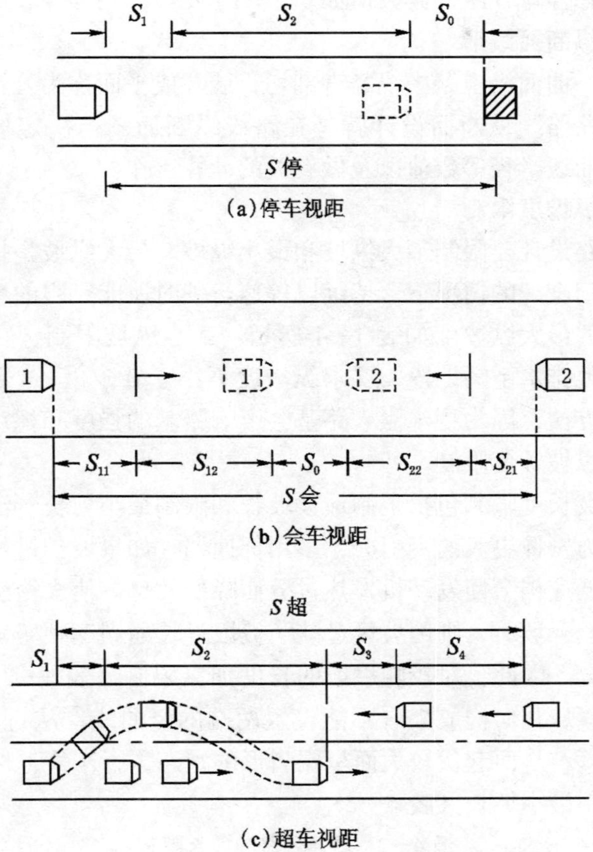

图4—2　行车视距

车所必需的距离。

超车视距，是指汽车行驶时为超越前方汽车所必须的视距。

在平面设计中，主要是考虑弯道内侧行车视线可能被树木、路堑（挖方）边坡、建筑物或其他障碍物所遮挡。行车视距的大小主要与车速、路面摩擦系数和公路纵向坡度有关。对于高速公路仅考虑停车视距，其数值如表1—1所示。

⑥纵断面线形

用一曲面沿道路中线竖直剖切，展开成平面称为公路的纵断面。公路路线纵断面设计就是在路线纵断面图上决定坡度、坡长、竖曲线半径等数值以及做有关的计算工作。

⑦纵坡度限制

公路设计要限制最大纵坡和最小纵坡。最大纵坡是指载重汽车在油门全开的情况下，持续以等速行驶时所能克服的坡度。高速公路的最大纵坡度如表1—1所示。最小纵坡限制，在挖方地段和其他排水不畅地段，要求纵坡度不小于0.3%。这样做是为了排水方便，因为积水渗入路基会影响路基的强度和稳定性。

⑧纵坡长度限制

纵坡长度限制包括限制最大坡长和限制最小坡长。汽车上陡坡时，为发挥更大的牵引力，多用低速档。如果坡长过长，长时间使用低速档会使发动机发热过分而降低效率，使水箱沸腾，行驶无力；下坡时，则因坡度过陡、坡段过长而刹车频繁，影响了行车安全。因此，对较陡纵坡的长度加以限制（表4—2）。若坡长太短，从几何构成来看不能设置两端的竖曲线；从行车来看，变坡频繁，从而起伏较大而呈锯齿形的状态，行车舒适性差，因此要限制最小坡长（表4—2）。

表4—2 高速公路的坡长限制

计算行车速度(km/h)	最小坡长(m)	各种坡度的最大坡长（m）			
		3%	4%	5%	6%
120	300	900	700	—	—
100	250	1000	800	600	—
80	200	1100	900	700	500
60	150	1200	1000	800	600

竖曲线

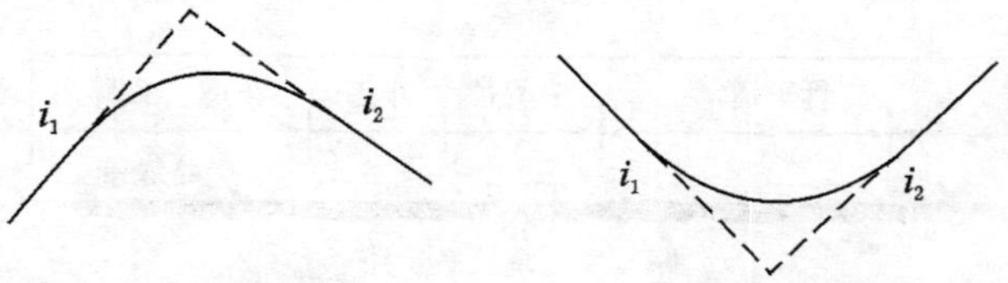

（a）凸形曲线 （b）凹形曲线

图 4—3 竖曲线

纵断面上的两相邻不同坡度线的交点为变坡点。为保证行车安全、舒适以及视距的需要，而在变坡处设置的纵向曲线，称为竖曲线（图 4—3）。为限制离心加速度过大（凸曲线造成失重、凹曲线造成增重），径行时间过短，满足视距要求，对竖曲线半径和竖曲线长度也有限制（表 4—3）。

表 4—3 高速公路竖曲线半径和最小长度 m

计算行车速度（km/h）	凸曲线最小半径		凹曲线最小半径		最小长度
	极限值	一般值	极限值	一般值	
120	1100	1700	4000	6000	100
100	6500	1000	3000	4500	85
80	3000	4500	2000	3000	70
60	1400	2000	1000	1500	50

⑨高速公路横断面

道路中线上各点的横断面，是由横断面设计线和地面线所围成的图形。横断面图包括路面、路肩、边坡、边沟、中间分隔带等等，高速公路的横断面分为整式和分离式两类（图 4—4、表

4—4)，高速公路的行车道宽度如表 1—1 所示，分隔带和路肩宽度如表 4—4 所示。

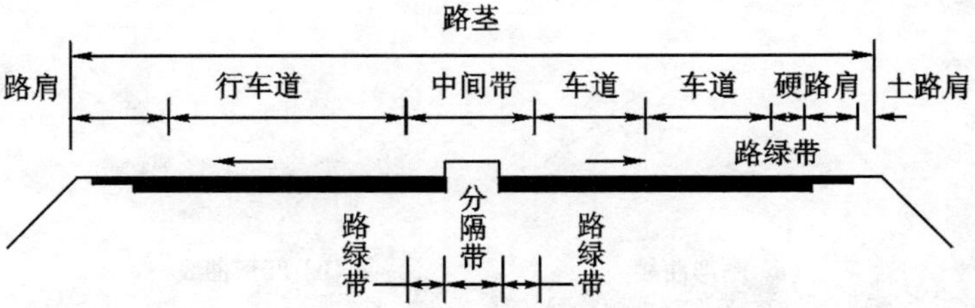

图 4—4　高速公路横断面图

为了迅速地排除地面上的积水，需将路面做成具有一定的横向坡度，称为路拱横坡度（记为 i，i = 高∶宽）。路拱横坡度的确定既要保证排水畅通又要保证行车安全。路拱坡度与路面类型和当地自然条件有关。高速公路一般采用沥青混凝土路面和水泥混凝土路面，路拱坡度为 1% 至 2%。路拱的形式有直线形、抛物线形或双曲线形。

在弯道上，为了平衡离心力对车辆的作用，对小半径的圆曲线，将横断面设计成内侧低、外侧高的单向横坡，称为超高。超高的计算公式为：

$$i_{超} = \frac{V^2}{127R} - \mu$$

式中　V：计算行车速度（km/h）；

R：圆曲线半径；

μ：单位车重横向力，取 0.15 ~ 0.035

同时，高速公路的最大超高值一般地区不超过 10%，积雪寒冷地区不超过 6%。

从非超高路段过渡到超高路段，需要设置超高缓和段，其长度和位置同缓和曲线一致。

表 4—4 高速公路横断面图（尺寸单位 m）

整体式断面

120 km/h 八车道

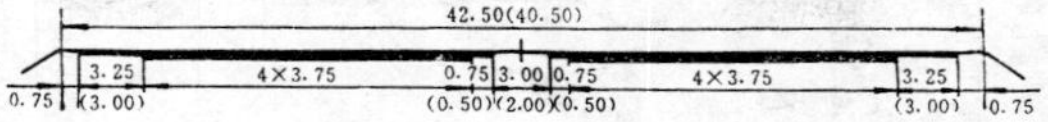

120 km/h 六车道

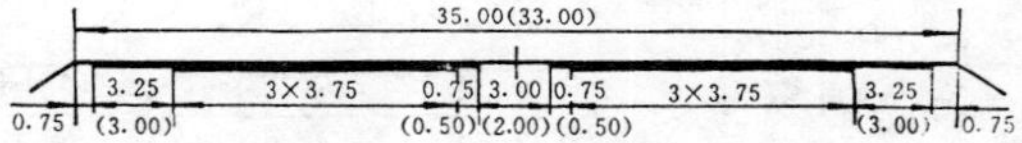

120 km/h 四车道

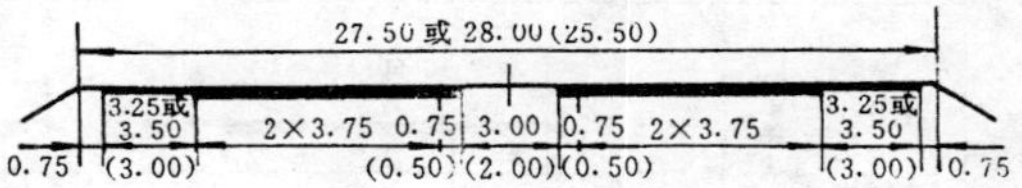

100 km/h 四车道

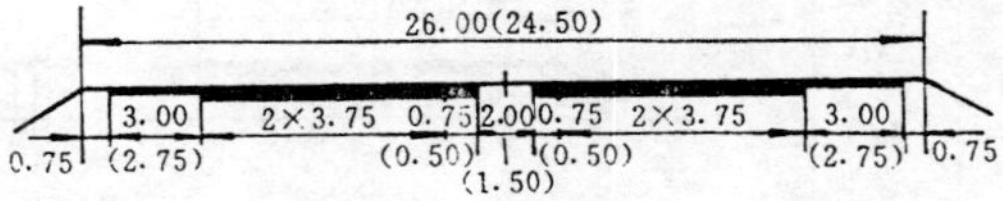

80 km/h 四车道

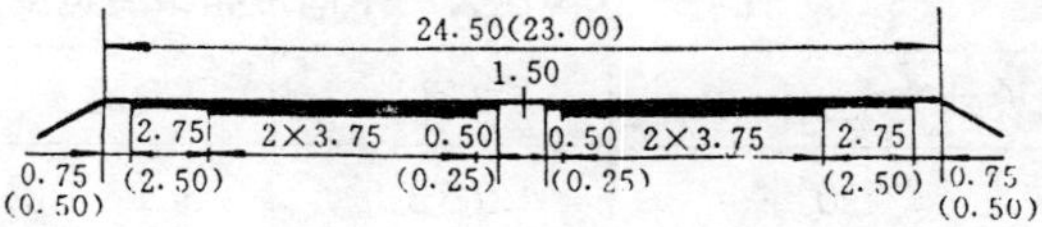

60 km/h 四车道

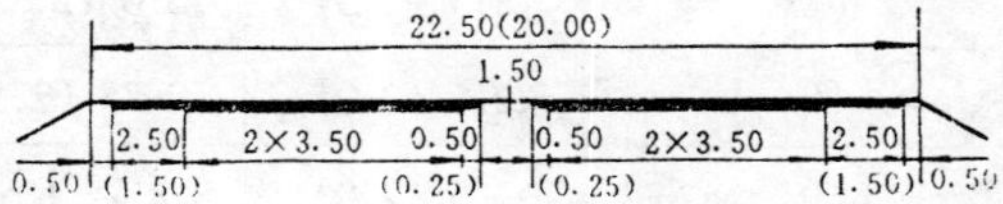

120 km/h 八车道

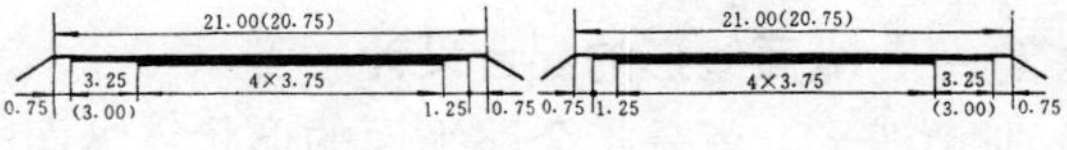

120 km/h 六车道

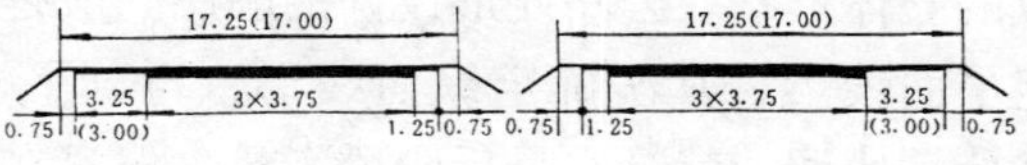

分离式断面	120 km/h	四车道	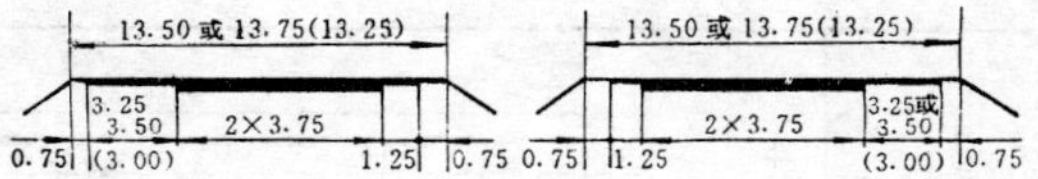
	100 km/h	四车道	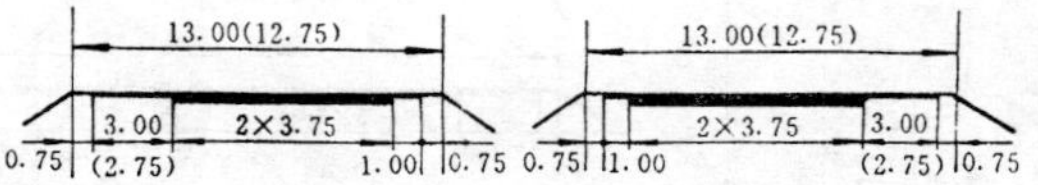
	80 km/h	四车道	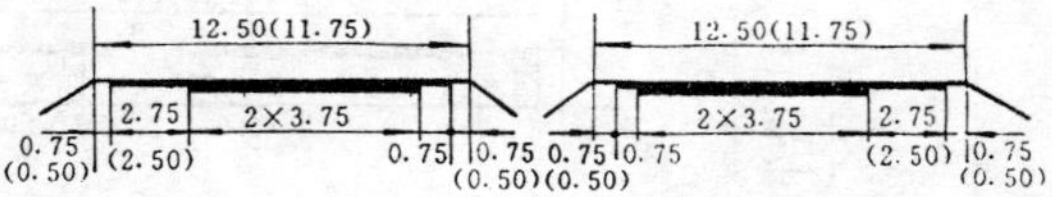
	60 km/h	四车道	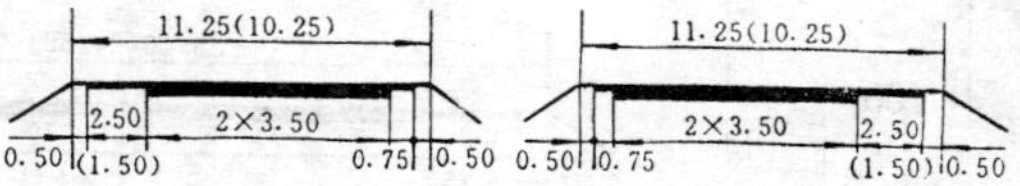

表 4—5 高速公路中间带和路肩宽度（m）

设计速度（km/h）	中间带	硬路肩	土路肩
120	4.5（3.0）	3.5（3.0）	0.75
100	3.5（2.5）	3.0（2.75）	0.75
80	2.5（2.0）	2.75（2.5）	0.75（0.5）
60	2.5（2.0）	2.5（1.5）	0.5

注：当受地形条件及其他特殊情况限制时，可采用括号内数值。

⑩平、纵面线形的配合设计

所谓线形，就是指公路平面的形状，纵面的形状或者平、纵组成的立体形状。公路线形设计的顺序一般是从选线开始，首先确定平面线形，其次确定纵面线形，再到平、纵线形的协调设计。所谓协调，就是在最后阶段衡量。但只在最后阶段进行，实际是不够的，从一开始就要综合考虑。因此，平、纵面线形的组合设计是在线形设计的最后阶段，把平、纵线形合理地组合起来，使之成为连续、圆滑、顺适、美观的空间曲线，从而达到行车安全、快速、舒适、经济的目的。

平、纵面组合设计应当满足以下基本要求：

A．满足汽车行驶力学的要求

即考虑空间线形上的空间作用力与空间加速度对行车的影响，保证行车安全、稳定。

B．满足司机的视觉要求

空间线形应能在视觉上自然地诱导驾驶员的视线，使其能及时明确地判断路线变化情况，不发生错觉和误会。空间线形在视觉上还应保持连续、圆滑、顺适、美观且不单调，使司机有良好的视觉条件和心理反应。为此，应使平纵线形指标均衡，使之组合协调，避免出现转折、错位、突出和遮断的线形。空间线形的几种组合情况如表4—6所示。

在表4—6中，从视觉分析来看，A线形单调、枯燥，如果在行车过程中视景无变化，容易使司机产生疲劳和超车频繁，对行车安全不利。B线形具有较好的视觉条件，由于纵面上插入了凹形竖曲线，不仅改善了A线形的生硬、呆板的缺陷，而且还给驾驶员提供了具有动感的视觉印象，从而提高了行车的舒适性。C线形视距条件差，线形也较单调，设计时应尽量避免。D线形只要平曲线半径选择适当，其透视效果是良好的，但要避免急弯与陡坡相重合。E、F线形，如果平纵面几何要素大小适当，均衡协调，位置适当，可以获得视觉舒适、诱导良好的空间线形。相反，则会出现一些不良的组合情况。

C．有利于排水

匹配组合后的合成坡度（超高横坡度与纵向坡度的合成坡度），应有利于路面排水和行驶安全，使路面任何地点都不发生积水和排水不良的现象，不应选择会形成过大或过小的合成坡度的组合。

表 4—6 空间线形要素

平面要素	纵断面要素	立体线形要素	编号
 直线	 直线	 具有恒等坡度的直线	A
 直线	 曲线	 凹形曲线	B
 直线	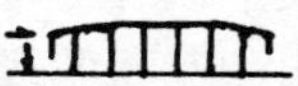 曲线	 凸形曲线	C
 曲线	 直线	 具有恒等坡度的曲线	D
 曲线	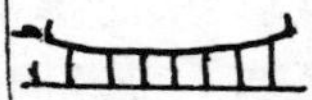 曲线	 凹形曲线	E
 曲线	 曲线	 凸形曲线	F

D．公路立体线形的分析——透视图法

公路是空间上的带状构造物，其平面、纵断面经过优化后得到的设计方案可能是平面或纵断面设计的最优方案，但它们组成的空间线形不一定是最优的。此时，需要对平面和纵断面的组合线形进行评价、分析，以便对平面或纵断面线形作必要的调整。进行立体线形评价，最常用的评价方法就是透视图法。通过透视图或计算机对透视图的动态显示，就可以从司机的视觉和心理研究出发，研究公路立体线形和公路景观在司机视觉心理上所引起的反应，判断路线平纵线形是否协调，公路与风景配合是否适当，曲线之间连接是否平顺，走向是否明确，通视条件是否良好等，从而对立体线形进行评判。如果检查中，发现线形有缺陷时，应对设计作某些修改，使施工后的公路空间线形达到较为完美的程度。

2. 高速公路的路基设计与施工

路基是公路最基本的组成部分之一。保证公路沿线具有坚实而稳定的路基，是路基设计的中心任务。路基又是支撑路面的一种土工建筑物，路基和路面构成了公路建筑的主体。

实践证明：没有坚固、稳定的路基，就没有稳固的路面。保证路基的强度与稳定性，是保证路面强度和稳定性的先决条件。提高路基的强度和稳定性，可以适当减薄路面的结构厚度，从而使造价降低。

影响路基稳定的因素很多，在自然因素方面，有地质、气候、水文和水文地质等等，其中影响路基强度和稳定性的关键因素是水。路基水毁、塌方、沉陷、翻浆、涎流冰等病害的发生均与地面水和地下水的活动有关。在人为因素方面，设计、施工和养护工作的正确与否，都直接影响到路基的质量。

①对路基的基本要求

路基的断面尺寸和高程都应符合路线设计的要求。此外，作为承受行车荷载的构造物，还应满足以下要求：

具有足够的整体稳定性。

路基的修建改变了原地面的自然平衡状态，在某些地形、地质条件下，路堑（挖方）边坡可能坍塌，路堤（填方）可能出现横向滑移。为使路基具有抵抗自然因素侵蚀的能力，必须采取一定的技术措施来保证路基整体结构的稳定性。

具有足够的强度。

路基要承受由路面传递下来的行车荷载，还要承受路面和路基的自重，势必对路基土产生一定的应力。只有路基具有足够的强度，才能抵抗应力的作用而不致产生超过允许范围的变形。

具有足够的水温稳定性。

根据土力学的理论，土质路基的强度受其含水量的影响十分显著，在大气负温度作用下，土在冻结过程中发生迁移和积聚，这就是土的水温状况。在季节性冰冻地区，由于水温状况的变化，路基将发生冻融循环，而在春融期间其强度急剧下降。因此，保证路基在最不利的水温状况下，仍具有足够的强度，即要求路基具有一定的水温稳定性，是十分重要的。

路基用土。

构成路基的材料是土(包括砂石材料)。理论和实践证明,路基用土的性质对路基的强度和稳定性有极大的影响。路基土的分类方法,是按土的颗粒大小同时也考虑到土和水相互作用的性质进行分类,分为巨粒土、粗粒土、细粒土和特殊土(表4—7)。

表 4—7 路基用土分组

<table>
<tr><td colspan="10">200　60　20　5　2　0.5　0.25　0.074　0.002(mm)</td></tr>
<tr><td colspan="2">巨粒组</td><td colspan="6">粗粒组</td><td colspan="2">细粒组</td></tr>
<tr><td rowspan="2">漂石
(块石)</td><td rowspan="2">卵石
(小块石)</td><td colspan="3">砾(角砾)</td><td colspan="3">砂</td><td rowspan="2">粉粒</td><td rowspan="2">粘粒</td></tr>
<tr><td>粗</td><td>中</td><td>细</td><td>粗</td><td>中</td><td>细</td></tr>
</table>

属于巨粒土的漂石和卵石具有很高的强度和稳定性，是很好的填筑路基材料。

砾类材料也是强度和稳定性均较好的筑路材料。

砂土具有良好的透水性，毛细水上升高度很小，仅 0.2 米至 0.3 米，故其水稳性好、无塑性、强度高，但粘结性小易松散，为克服这一缺点，可添加一定粘性大的土以改善其使用品质。

砂性土是良好的修筑路基材料。它既含有一定数量的粗颗粒，使路基获得足够的强度和水稳定性，同时又含有一定数量的细颗粒，使其具有一定的粘性，不致过分松散。亚砂土的粒径组成接近最佳级配，因此，亚砂土修成的路基便于在行车的压实下，构成平整坚实的路基表面，雨天不泥泞，晴天不扬尘。

粉性土是最差的筑路材料。因其含有较多的粉土粒，平时稍有粘结性，飞尘大，浸水时很快被湿透，易成流体状态；粉性土的毛细水上升高度很大，可达 0.9 米至 1.5 米，在季节性冰冻地区很容易使路基产生水分累积，造成严重的翻浆病害，故一般称为翻浆土。如遇粉性土，特别是水文条件不良时，应采取一定措施改善其工程性质。

粘性土透水性很差，粘结力大，因此干时坚硬，不易挖掘。它具有较大的可塑性、粘结性和膨胀性，毛细现象也很显著，用来筑路比粉性土好，但不如砂性土。浸水后，粘性土能比较长时间地保持水分，因而承载力很小。对粘性土如加以充分的压实，并采取有效的排水措施，也能筑成稳定的路基。

此外，还有一些具有特殊性质或含有有害物质的土类，如泥炭、硅藻土、腐殖土或含有石膏等溶盐类的土等，不宜用于填筑路基，如用则必须采取相应的技术措施。

②路基宽度、高度和边坡

路基宽度。

高速公路的横断面分为整体式和分离式两种，其路基宽度由行车道、中间分隔带、路肩组成（见图4—4、表4—4、表4—5）。

路基高度。

路基高度是指路堤的填筑高度或路堑的开挖深度，是路基设计标高与原地面中心桩号标高之差。设计标高是在路线纵断面设计时，综合考虑纵坡要求、路基稳定性要求和工程经济要求等因素确定的。高速公路是以中央分隔带边缘标高作为设计标高的。

由于原地面横向往往有倾斜，因此路基的中心高度与边坡高度常常不同。《公路工程技术标准》规定，在正常条件下，根据土质类别的不同，将大于18米（土质）或20米（石质）的填方视为高路堤，而大于20米的挖方视为深路堑。

根据路基强度和稳定性的要求，路基高度设计还应结合公路沿线具体水文气候条件和排水及防护措施，确保路基高度大于最小填土高度。沿河地区路基高度应保证不受洪水的影响。

路基边坡。

路基边坡坡度对路基稳定具有重要影响。它取决于土质、边坡高度、车辆荷载、自然条件与人为条件等多种因素。为此，路基边坡稳定问题，常常是路基设计的主要内容之一。

有时为了稳定边坡，减少土石方和占用土地数量，可以采用挡土墙来支撑天然或人工斜坡。各种材料和各种形式的挡土墙也是路基工程的重要组成部分。挡土墙设计要根据土力学的理论计算确定。

③路基排水设施

路基和路面结构外露在地表，直接感受自然因素的影响。这些自然因素主要是温度和湿度，而湿度与道路排水能力密切相关。路基的各种病害和变形的产生，无不都与地面水和地下水的浸湿和冲刷等破坏作用有关。要保证路基的稳定性，提高路基的强度和抗变形能力，防止地面水浸入路面，从而提高路面结构的强度和耐久性。为延长路面使用寿命，必须做好公路的排水设计。

路基排水。

路基排水的目的就是把路基工作区内的土基含水量降低到一定的范围内。根据水源的不同，影响路基的水流可分为地面水和地下水。地面水主要是由降水（雨和雪）形成的地面径流。地下水是埋藏在地表下面土中孔隙、岩石孔隙和裂隙中的水。

地面排水的排水设施有边沟、截水沟、排水沟、跌水与急流槽等，分别设置于路基的不同部位，各自发挥其排水功能。

边沟：挖方路基以及低填方路基，在路肩外缘均应设置纵向人工沟渠，称之为边沟。其主要功能是排除边坡和路面汇集起来的地面水，以保证路基稳定。

截水沟：设置在挖方路基边坡坡顶以外，或山坡路堤上方的适当位置，用以拦截路基上方流向路基的地面水，减轻边沟的水流负担，保护挖方边坡和填方坡脚不受水流冲刷和损害的人工沟渠，称为截水沟（又称天沟）。它是多雨地区、山岭和丘陵地区路基排水的重要设施之一。

排水沟：主要用于排除来自边沟、截水沟或其他水源的水流，并将其引至路基范围以外的指定地点。排水沟的布置，必须结合地形等条件，因势利导，同时要求离路基尽可能远些。

跌水与急流槽：排水沟设在陡坡地段时，水流对沟底的冲刷力很大。在陡坡地段需要把排水沟做成跌水（沟底为台阶式并进行加固）或急流槽（沟底纵坡较大）。跌水与急流槽是山区公路路基排水常见的结构物。由于纵坡大、水流湍急、冲刷作用严重，所以跌水与急流槽必须用浆砌块石或水泥混凝土砌筑且应埋设牢固。

路基地下排水设施有盲沟（渗沟）和渗井等，对于水量不大的地下水以渗透为主汇集水流，就近予以排除。遇有大量水流，则应另设专用地下沟管予以排除。埋置于地下的排水设施，经常性的养护维修比较困难，故要求其牢固。同时，在路线设计时尽量避开地下水发育地段，从而减少地下排水设施。

④路面排水

高速公路的路面排水一般由路肩排水和中央分隔带排水组成。

路肩排水设施由路面横坡、路缘带与硬路肩、路缘石形成的集水槽以及将地表水排除路基的泄水口和急流槽等组成，其过水断面原则上限制在路缘带、硬路肩、拦水路缘石之内。

中央分隔带排水：直线段的路基，其中央分隔带用现浇薄层水泥混凝土或预制混凝土小块封面时，可不设中央分隔带的地下排水系统；若中央分隔带采用种草皮或灌木时，视降雨量的大小设置盲沟、带孔排水管、横向排水管等地下排水设施。

在有超高的曲线段上，一般应在靠近超高内侧的中央分隔带设置浅碟式或凸形排水沟，在适当的位置设置雨水口（集水井）和地下横向排水管，将雨水排出路基。

⑤土质路基施工

路堤填筑施工。

路堤通常利用沿线附近土石作为填筑材料。选择填料时应尽可能选择当地强度高、稳定性好并利于施工的土石做路堤填料。一般来说，碎石、卵石、砾石、粗砂等具有良好的透水性，且强度高、稳定性好，因此可优先采用。亚砂土、亚粘土等经压实后也具有足够强度，故也可采用。粉性土水稳性差，不宜做路堤填料。重粘土、粘性土、捣碎后的植物土等由于透水性差，做路堤填料时应慎重采用。

路堤填土应采用水平分层填筑，待下一层经压实检验合格后，再进行上一层填筑。每层填筑厚度与压实机具的重量和压实遍数有关，一般为30cm左右。

影响路基压实效果的因素有：

含水量：土的含水量过大或过小都不易压实，只有在含水量适当（最佳含水量）时，才能获得最佳的压实效果。最佳含水量需要通过实验确定。

土质：前文讲到，不同的土质其压实效果不同，不同的土质具有不同的最佳含水量和最大干密度。

压实功能的影响：压实功能系指压实机具重量、辗压次数、作用时间等。通常对同一种土，随着压实功能的增大，最佳含水量会随之减小而最大干密度随之增加。因此，增大压实功是提高土基密实度的又一种方法。然而这种方法有一定的局限性，因为压实功增加到一定程度后，土的密度增长就不明显了，因此最经济的办法是严格控制工地现场含水量，使碾压过程在接近最佳含水量时进行，这样就能容易地达到规定的压实度。

压实机具和压实方法对压实效果的影响：不同的压实机具，其压力传布作用深度不同，因而压实效果也不同。通常夯击式作用深度最大，振动式次之，静力碾压式最浅。压实作用时间愈长，土的密实度愈高，但随着时间的进一步延长，其密实度的增长幅度会逐渐减小，故压实时，要求压实机具以较低速度行驶，以便达到预期的压实效果。

⑥土质压实标准

通常采用干密度作为表征土基密实程度的指标，它与路基的强度和稳定性有着十分密切的关系。但在施工实践中，不同的土基干密度不同，如何衡量不同土质路基现场施工的密实度呢？我国是以压实度作为控制路基压实的标准。所谓压实度，就是工地填土压实后实际达到的干容重 r 与该类土在室内标准击实试验所测得的最大干容重 r_0 之比，用 K 表示压实度，即：

$$K = \frac{r}{r_0} \times 100\%$$

高速公路路槽底面以下 0~80cm 深度范围内，压实度要求 K≥95%；80cm~150cm 深度范围内，K≥93%；150cm 以下，K≥90%。

⑦路堑开挖施工

路堑施工采用由上到下、分层开挖的方法，原则上要求便于机械进出现场、便于施工、开挖现场不积水。可以采用分段作业的方法，便于多套机械同时施工。施工组织方法有：横挖法、纵挖法和混合法施工。

3. 高速公路的路面设计与施工

路面是在路基顶面上用各种材料或混合料分层修筑而成的一种层状结构物。它的功能不仅是提供汽车能够在公路上全天候的行驶，而且要保证汽车以一定的速度，安全、舒适而经济地运行。

①对路面的基本要求

具有足够的强度和刚度。

汽车在路面上行驶，路面会受到各种外力的作用，包括垂直力、水平力、振动力、冲击力以及车身后面产生的真空吸力等，又由于行车荷载对路面的作用是重复作用，所以，路面会逐渐出现累积变形，产生磨损、开裂、坑槽、沉陷、车辙和波浪等破坏现象，这就势必影响正常行车。因此，路面在设计年限内必须具有足够的强度和刚度，才能承受行车荷载的作用，不致产生影响汽车正常行驶的各种破坏、变形。

具有气候稳定性。

路面的气候稳定性是指在各种自然因素作用下，路面强度和刚度的变化幅度不应过大，尤其在不利季节路面仍然能保持足够的强度和刚度。导致路面强度和刚度变化的自然因素主要是水和温度，所以路面的稳定性包括水稳性、冻稳性及热稳性等。

具有足够的平整度。

路面平整度愈差，行车阻力就愈大，将使车速降低、油耗上升、轮胎加速磨损，与此同时，车轮对路面的冲击力增大，造成行车颠簸，致使汽车机件和路面迅速破坏。路面平整度差，还会使路面积水、渗水，加速路面破坏。为保证高速行车，提高安全性和舒适性，路面应保持足够的平整度。公路的等级越高，即设计车速越高，对平整度的要求也越高。

具有表面抗滑性能。

表面抗滑性能要求车轮与路面之间有足够的附着力和摩擦阻力，以保证汽车安全、高速地行驶，特别是行车速度较高时，对抗滑性能要求更高。路面抗滑能力可以通过采用坚硬、耐磨、表面粗糙的骨料组成路面表层材料来实现，或采用一些工艺性措施来实现，如通过对水泥混凝土路面的刷毛或刻槽来实现。

具有足够的不透水性。

对于水稳定性差的基层和土基，应特别重视路面的不透水性，这就要从路面结构、适当的路拱坡度等方面综合考虑，使雨水渗入路面的可能性减少，从而保证不致因路面透水导致土基和路面强度降低而产生破坏。

具有低噪声及低扬尘性。

噪声与扬尘会对环境造成污染，影响正常的行车秩序，对行车密度大的高等级道路，这是必须予以足够重视的问题。

行车噪音一方面因路面平整度差引起，或者由于路面面层材料的刚度大而产生；另一方面与不良的线形设计导致车辆频繁的加速、减速、转向有关。扬尘是由于路面松散或由于路面未及时清扫，而被车轮后的真空吸力吸出引起。因此，对于行车噪声和扬尘，应当从道路工程的设计、施工、养护和管理方面统筹考虑，才能使路面具有尽可能低的扬尘性和尽可能小的噪声。

②路面的结构层次

路面结构的整体强度，由土基和各结构层的强度以及它们的组合和层间的连结情况所决定。行车荷载和大气因素等对路面的作用是随着深度而逐渐减弱。同时，路基的水文地质情况也影响到路面的工作状况。因此，一般根据使用要求、受力情况和自然因素等作用程度的不同，把整个路面结构自上而下分成面层、基层和垫层三个主要层次。

面层：面层是直接同行车和大气接触的表面层次，它承受行车荷载的垂直力，水平力和冲击力作用以及雨水和气温变化的不利影响最大。因此，同其他层次相比，面层应具备较高的结构强度、刚度和稳定性，而且应当耐磨、不透水；其表面还应有良好的抗滑性和平整度。高速公路的面层常用较高级的材料来铺筑，如水泥混凝土、沥青混凝土及其他沥青混合料等。高速公路的面层常由二层或三层组成，则分别称为面层上层和面层下层，或面层上、中、下层。

基层：基层主要承受由面层传来的车辆荷载的垂直力，并把它扩散到垫层和土基中，故基层应有足够的强度和刚度。车轮荷载水平力作用，沿深度递减得很快，对基层影响很小，故对基层材料的耐磨性可不予重视。基层还应有平整的表面和足够的水稳性。

基层所用的材料主要有：各种结合料（如石灰、水泥等）稳定土或稳定碎（砾）石、天然砂砾，各种碎石或砾石、片石、块石、各种工业废渣（如煤渣、粉煤灰、矿渣等）所组成的混合料等。

基层有时可分两层铺筑，其上层仍称基层，下层则称底基层。对底基层材料质量要求可低些，可使用当地材料来修筑。

垫层：垫层的主要作用是调节和改善土基的湿度和温度状况，以保证路面结构的稳定性和抗冻能力。垫层通常设在排水不良和有冰冻翻浆路段。对在地下水位较高地区铺设的能起隔水作用的垫层称隔离层；在冻深较大地区铺设的起防冻作用的垫层称防冻层。

垫层材料的强度要求不一定高，但其水稳性、隔温性和透水性要好。常用材料一类是由松散的颗粒材料如砂、砾石、炉渣等组成的透水性垫层，另一类是石灰土或炉渣石灰土等稳定土垫层。

高速公路常用的路面结构情况如图 4—5 所示。

图 4—5　高速公路路面结构

对于沥青类路面(称柔性路面)的设计,是根据车轴荷载大小和荷载作用的频繁程度(设计年限内一个车道上累计当量轴次),按弹性层状体系理论计算各层的厚度。对于水泥混凝土路面(称刚性路面)采用弹性半无限地基上的小挠度弹性薄板理论和有限元法计算荷载应力和温度应力,按荷载应力和温度应力综合作用产生的疲劳破坏确定面板厚度。

③路面各层次的施工

级配碎石基层:粗、细碎石集料和石屑(或砂)各占一定比例的混合料,当其颗粒组成符合密实级配要求时,称级配碎石。级配碎石可用未筛分碎石和石屑组配而成,也可以由预先筛分成几个(如 4 个)大小不同粒级的碎石组配而成。缺乏石屑时,也可以添加细砂砾或粗砂,但其强度和稳定性不如添加石屑的级配碎石;也可以用颗粒组成合适的含细集料较多的砂砾与未筛分碎石配合成级配碎砾石。作为高速公路的基层,碎石的最大粒径控制在 30 毫米以下,碎石集料在标准压力试验情况下的压碎值,基层不大于26%,底基层不大于30%。施工的主要要求是,颗粒级配(大小颗粒的比例)符合规定,配料必须准确,混和料必须拌和均匀,没有粗细颗粒离析现象,在最佳含水量时进行碾压,压实度要求为:基层98%,底基层96%。

稳定土基层:近几年来,稳定土在道路工程中应用发展得很快,尤其是用无机结合料石灰、水泥稳定的石灰土、水泥土及水泥稳定粒料和石灰水泥综合稳定土(或粒料)等。这些稳定土或粒料,具有较高的抗压强度和抗弯拉强度,而且强度和弹性模量随时间的增长而不断增长,稳定性好,具有抗冻性,结构本身自成板体,在行车荷载作用下变形小,所以又称为半刚性基层。用它做基层时,产生的累计变形小,同时传递到下承层上的受力面积大而且均匀,具有良好的路面使用品质。因此,常被选做沥青路面和水泥路面的基层或底基层。

稳定土基层存在一个缺点,就是容易产生收缩开裂,这种开裂是由温度收缩和干缩造成的。因此,在半刚性基层上修筑薄沥青面层时,应采取防裂措施,以减少半刚性基层开裂,并防止半刚性基层的裂缝反射到沥青面层上去。

石灰稳定土:在粉碎的或原来松散的土中,掺入足量的石灰,加水拌和并经压实、养生后得到的混合料,当其抗压强度符合规定的要求时,称为石灰稳定土。在土中掺入适量的石灰,并在最佳含水量下压实后,石灰与土发生了一系列的物理化学作用,形成了石灰土基层的强度。

影响石灰土基层强度的因素有:

土质:一般来说,粘性土颗粒的活性强,比表面积大,表面能量也较大,故掺入石灰等活性材料后,化学反应比较充分。土中的某些盐分及腐殖质对石灰土有不良作用。

灰质及石灰剂量:石灰质量应符合三级(按 CaO 和 MgO 含量

分级)以上,在同等石灰用量下,质量好的石灰,稳定效果好。如果采用低质量的石灰,为满足石灰土的技术要求,就得适当增加石灰剂量。实践证明,应用磨细的生石灰粉做灰土,稳定的效果更好。随着石灰剂量的增加,石灰土的强度和稳定性均提高。但当剂量超过一定范围时,过多的石灰在土的空隙中以自由灰存在,将导致石灰土的强度下降。在生产实践中常用的石灰剂量为6%至18%(按重量计),而以10%至14%为经济实用。

含水量:石灰土的施工要在最佳含水量条件下进行,才能保证其压实度,同时,石灰与土发生化学反应也需要一定的水分。但是含水量过大,干缩程度会增加,还会产生冻胀,使其抗冻性能下降。使用的水应是干净的可供饮用的水。

密实度:实践证明,石灰土的密实度每增减1%,强度均增减4%左右,而且密实的石灰土,其抗冻性、水稳性也好,缩裂现象也少。

龄期:石灰土的强度随龄期(时间)的增长而增长,前期(1个月~2个月)增长速率较后期为快。

养生条件:养生条件主要是温度与湿度。温度愈高,强度形成愈快;在一定的湿度养生时,强度形成和增长较快。

石灰稳定土的施工要点是:石灰剂量准确、拌合均匀、碾压密实,保湿保温养生。

水泥稳定土:在粉碎的或原来松散的土中,掺入足量的水泥和水,按照技术要求,经拌和摊铺,在最佳含水量时压实及养护成型,得到的强度符合规定要求的路面基层,称为水泥稳定土。它可以用作高速公路的底基层。

水泥稳定土的水泥用量视土质和级配的不同而不同。土的塑性低,级配好,则水泥用量少,反之则水泥用量高。水泥剂量越大强度越高,所以水泥稳定土与石灰稳定土不同,不存在强度最佳剂量,只有经济剂量。实践表明,水泥剂量为5%至10%较为合理。

另外,水泥、土和水要拌和均匀,且在最佳含水量下充分压实,使之干密度最大,并保湿、保温养生,则其强度和稳定性就高。水泥稳定土从开始加水拌合到完成压实的延迟时间要尽可能短,路拌法施工时不超过3小时至4小时,采用集中厂拌法施工时不超过2小时至3小时。水泥稳定土的施工方法、程序和基本要求与石灰土基层类似,但要求各工序衔接更加紧凑。

石灰稳定工业废渣基层:工业废渣包括:粉煤灰、煤渣、高炉矿渣、钢渣、其他冶金矿渣、煤矸石等。除磨成粉的高炉矿渣外,这些工业废渣中都需添加一定数量的石灰,才能充分发挥这些废渣的特征,成为优质的筑路材料。

实践证明,石灰工业废渣基层的力学性质不亚于水泥稳定土基层,且优于石灰稳定土基层。由于石灰工业废渣混合料是一种缓硬材料,其施工较水泥稳定土方便。此外,利用工业废渣做路面基层,可以减轻污染、变废为宝。

沥青混凝土路面:将不同粒级的多种矿料,如碎石、轧碎砾石、石屑、砂和矿粉等,按适当比例配合成规定级配范围的矿料混合料后,与适当比例的优质沥青一起,在规定温度下拌合所得的混合料称为沥青混凝土混合料。用这种混合料铺筑的路面结构层,称沥青混凝土面层。

沥青混凝土路面的强度是按密实原则构成的,具有密实度大、整体性好、强度高、抵抗自然因素破坏作用的能力强等优点,是一种适合现代汽车交通的高级路面。用作高速公路的面层,宜采用双层式或三层式结构,其上层采用中粒式或细粒式沥青混凝土,其下层采用粗粒式或中粒式沥青混凝土,使用年限可超过15年。

沥青混凝土路面按混合料中集料最大粒径可分为:粗粒式,最大公称粒径为25mm以上,表示为AC-25、AC-30;中粒式,最大公称粒径为16mm或19mm(AC-16,AC-20);细粒式,最大公称粒径为10mm或13mm(AC-10,AC-13);砂粒式,最大公称粒径为

5mm(AC－5);抗滑表层,其最大公称粒径为13mm或16mm(AK－13、AK－16)。

在铺筑沥青混凝土混合料之前,应检查与清理基层,保证基层坚实、平整、洁净和干燥。应准备和检修施工机具,检查其是否保持完好状态。应落实各种材料,备齐仪器用具,制定施工计划,安排好劳动力,进行施工放样。施工程序如下:

·安装路缘石和培路肩;

·清扫基层;

·浇洒粘层或透层沥青(起上、下层粘结作用);

·摊铺。应尽量采用全路幅铺筑,以避免纵向施工缝。双层式路面的上、下层应尽可能在一天内铺筑,以免下层污染。注意控制摊铺温度,石油沥青混合料控制在不低于110℃至130℃,不超过165℃,煤沥青混合料控制在80℃至120℃。严格控制现场松铺厚度,其松铺系数,机械摊铺约为1.15至1.35。

·碾压。碾压程序为:初压—复压—终压。碾压开始温度,石油沥青不低于110℃,煤沥青不低于75℃;碾压终了温度,石油沥青不低于65℃,煤沥青不低于50℃。

·此外要做好接缝处理,双层式施工接缝要相互错开。

沥青碎石面层:沥青碎石面层系指以具有一定级配的碎石和沥青热拌后一次铺筑压实而成的路面层。它与沥青混凝土的主要区别是粗颗粒含量较少,粒径小于0.5毫米的细粒石料和矿粉很少或不用,空隙率较大(10%至15%),沥青用量少(仅为沥青混凝土沥青用量的70%)。

与沥青混凝土路面比较,沥青碎石路面有如下几个优点:

·高温稳定性好,路面不易产生波浪,冬季不易产生冻缩裂缝,行车荷载作用下裂缝少;

·路面易保持粗糙,有利于高速行车;

·对石料级配和沥青规格要求较宽,材料组成设计比较容易满足要求；

·沥青用量少，且不用矿粉，造价低。

但沥青碎石混合料路面的耐久性差，原因是它有较大的孔隙率，易透水，因而降低了石料与沥青之间的粘结力；沥青老化后，路面结构容易疏松，导致破坏，所以只用做高速公路的面层下层。

水泥混凝土路面：水泥混凝土路面的面层是用水泥混凝土混合料铺筑而成的。为适应热胀冷缩的需要和施工的需要，在横向或纵向每4米至6米设有缩缝，每20米至40米设一道胀缝，施工间歇处设有施工缝。为保证混凝土板之间能有效地传递荷载，防止形成错台，需在胀缝板厚中央处设置钢筋传力杆，或采取其他传力措施。根据行车荷载和自然因素作用的特点，为保证路面使用品质，面层混合料必须具有较高的抗弯拉强度、良好的抗冻性和耐磨性以及良好的施工和易性。施工时28天的抗弯拉强度需达到4.0MPa至5.0MPa，抗压强度达到30MPa至35MPa。为了保证混合料的质量，各组成材料的技术性能要严格按有关规范的要求控制。

混凝土面板的施工方法有人工摊铺法和机械摊铺法。有条件的应当推广使用机械摊铺法，这样不但加快施工进度，而且也能提高施工质量。

在混凝土路面施工中，要特别注意对水的控制。如，拌制混凝土时要严格控制用水量，运送混凝土时要防止雨水浸入，养生时要保持混凝土适当的湿度等等。这些都是保证混凝土路面质量的关键。

近年来，国内在水泥混凝土路面施工中已成功地采用了真空吸水工艺、碾压混凝土施工工艺、二次震捣工艺等新工艺。

与沥青路面相比，水泥混凝土路面具有以下优点：

·强度高。它具有较高的抗压强度、抗弯拉强度和抗磨耗能力；

·耐久性好。由于它的强度高，水稳定性和热稳定性好，所以它经久耐用,一般能使用20年至40年,而且可以通行包括履带式车辆在内的各种运输工具。

·养护费用少。由于它不易损坏,所以路面养护工作量和养护费用均较少。

但是,水泥混凝土路面也存在一些缺点,主要有以下几方面:

·对水泥和水的需要量大,造价高。这为水泥供应不足和缺水地区带来较大困难。

·有接缝。这些接缝不但增加施工和养护的复杂性,而且影响行车的舒适性,当接缝处理不当时,往往易导致板边和板角处破坏。

·开放交通较迟。一般水泥混凝土路面完工后,要经过15天至20天的湿治养生,才能开放交通。

·修复困难。水泥混凝土面板损坏后,开挖很困难,修补工作量也大且影响交通,这对于有地下管线的城市道路,带来较大困难。

由于水泥混凝土路面的强度高,耐久性好,所以能适应重载高速而繁密的汽车交通要求。随着我国公路运输事业的发展,行车密度、载重和速度日益增高,特别是水泥工业的进一步发展,今后水泥混凝土路面必将得到越来越多的采用。

4. 高速公路的立体交叉

高速公路是整个公路网的主要骨架,除了高速公路本身的直达交通之外,还担负着对其连接线路的交通集中和分散任务,因此,高速公路和其他路线的连接,就形成了路与路的交叉。

交叉口的交通繁杂,对交通安全、车速、运营费用和通过能力都有很大影响。特别是安全问题,成为交叉设计的重点。据调查,汽车肇事率大约40%左右发生在交叉口处。因此,交叉位置的选定,设计型式的考虑,必须在高速公路选线的同时,根据相交路线的等级,对城市入口、工农业发展、交通量等情况作综合调查,并对调查资料作出分析,再据此进行设计,提出比较方案和设计图纸。

立体交叉分两类:分离式和互通式。在图4—6和图4—7里,除了图4—6中的(h)图是分离式之外,其余的示意图全属互通式。互通式立体交叉有不少分类方式,如按相交公路条数来分,可分为:四路相交和三路相交。一般情况下,立体交叉不超过四路相交。

①四路相交

基本型式如图4—6所示的8种。图中的路线仅表示汽车行驶轨迹线,汽车一律靠右边行驶。

苜蓿叶型,如图4—6(a)、(b)所示。

可分为原型(a)和变型(b)两种。后者是由前者演变而成,比前者布设灵活,占地较少,因而较多地采用后者。苜蓿叶型适用于两条相交公路都是高等级的主要干线公路。

部分蓿苜叶型,如图4—6(c)、(d)所示两种基本型式。特点是确保主要公路迅速通畅而用立交,而在次要公路上仍用平面交叉。这种类型适用于高级公路与次要公路相交的情况。半苜蓿式比苜蓿式占地约少一半。

长型,如图4—6(e)、(f)所示。可分为长菱形(e)和长圆型(f)两种。特点是形状简单,占地少,工程费用亦比其他型式省,但是在次要公路上有平面交叉。运用范围同半苜蓿型。

环形,如图4—7(g)所示。对主道直行车辆方便,但左右转弯将经环道而与次道车辆交织行驶,故环道上通过能力有一定限制。环型的交通安全、便利,易为司机熟悉,用地较少,但是造价高。

②三路相交(如图4—7)

喇叭型,如图4—7(a)、(b)两种。特点是用地省,构造物少,管理方便,是投资较少的一种。适用于主要干线公路与次要公路相交,喇叭口应设在左转弯车辆较多的一侧,以利主流方向行车。

③其余诸型

有Y型、T型、环型三种基本型式,如图4—7中的(c)、(d)、(e)、(f)、(g)所示。共同特点是用地省或较省,管理较为方便,但是投资都较大,构造物多。适用于两条高等级的主要干线公路相交。

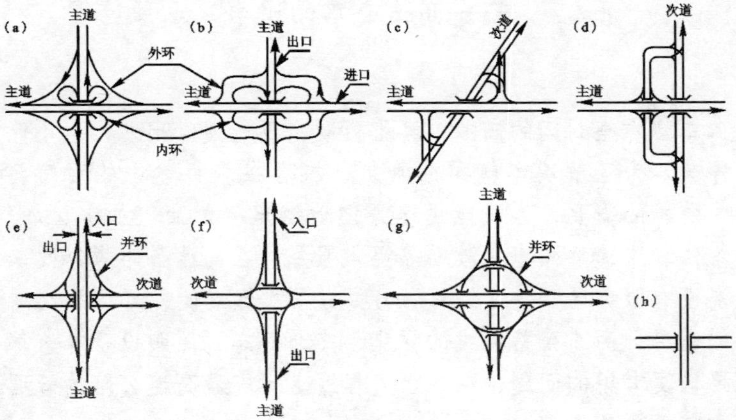

图4—6 四路立交示意图

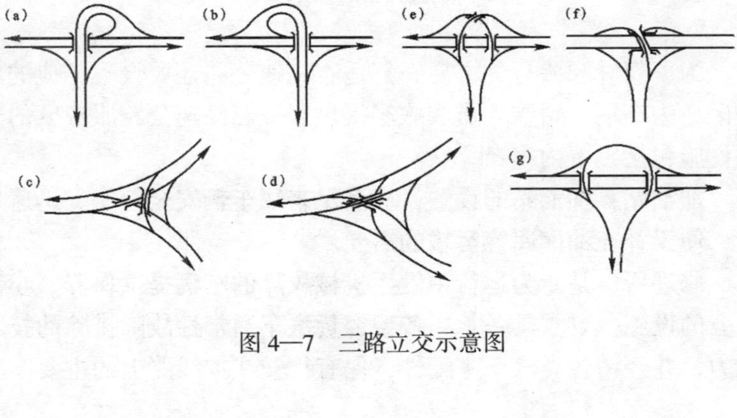

图4—7 三路立交示意图

五

方便、舒适

——高速公路的追求

车辆在全封闭的高速公路上行驶，不能随意出入，也不能随意停车。为了解决车辆司乘人员、旅客在旅行途中的食宿、休息、购物的需要，为了能迅速方便地给车辆加油、加水、加气，为维修和中途意外事故救助等提供服务，在高速公路旁每隔一定距离设有服务区（英文缩写 SA）。为了旅行方便、舒适和交通安全的需要，高速公路沿线的绿化、交通标志、照明设备等，都是需要认真考虑的问题，它在很大程度上标志着高速公路的管理水平和精神风貌。

1. 高速公路的服务区

为了驾驶和旅行的方便、舒适，高速公路还要设置相应的服务区，为车辆、司乘人员和旅客提供服务。高速公路服务区的服务设施包括以下内容：

加油站：加油站的设置，应满足来往车辆安全停靠、迅速加油，便于补充油库库容运输的需要。

修理所：是专为运行中发生机械故障的车辆提供保养、小修服务的设施。要求具备承担各型客货汽车通常性故障排除的技术能力，并经销各类汽车零配件，保有行驶在本线路上的主要车型易损零配件的正常贮备，以便迅速恢复车辆运行技术性能。

休息室或旅馆：供旅客及司乘人员休息、娱乐、睡眠所用。布置应舒适、雅致、安静、卫生，特别应注意考虑服务区内的景观与周围环境的协调。

商店与餐馆：经销日常旅行用品，当地名优特产品，各类方便食品与饮料的商业性服务点。开设有环境优雅并具有浓厚的地方特色的小茶馆和小餐馆。

医务所或急救站：这是专为高速公路车辆保持正常运行，排除行车事故提供医务人员及救援车辆、抢险、紧急治疗、防病治病的机构设施。

管理与养护机构住房：供公路管理、养护人员办公、生活、休息和娱乐使用。要求能使管理人员和养护人员直接、迅速地解决高速公路营运中出现的各种问题。

给排水设施：设置为满足服务区生活工作用水、清洁用水、车辆加注用水、车辆清洗用水的给排水系统。

绿化用地：为美化服务区环境，减少粉尘污染所种植的树木、花草等。

停车区设施：停车区设施包括停车场、回转车道、小卖部、公共厕所、紧急电话亭、公布交通信息所用的告示牌等。

辅助设施：高速公路的辅助设施包括：养护管理设施与设备、交通管理设施与设备、高速公路隔音墙、高速公路瞭望处等。

服务区是设在高速公路途中两侧或一侧的综合服务中心。其规模较大，一般是停车场的 3 倍至 5 倍，设施齐全。停车场的规模要比服务区小得多，最小规模限度应包括停车坪及厕所。规模稍大的增设有小卖部和快餐部。服务区与停车场的主要区别在于设有加油及修车设施。当服务区之间距离过长而加油量又大时，停车场也可以设加油站。在长距离的高速公路附近也可以设高级餐厅。高速公路服务设施一般实行昼夜服务，并对残疾人进行专门照顾。

服务区布置的间距是根据高速公路的具体情况决定的。台湾南北高速公路每隔50公里设有服务区或休息站，全线共设服务区3处，休息站3处，都布置在高速公路两侧。休息站内设有庭园、停车场、休息厅、零售商店、公共厕所、电话、饮水台等。服务区内除上述设施外，增设有加油站、餐厅、车辆检修所等。沿线另设有加油站25处。站内配备有拖吊车，免费抢修高速公路上发生故障的车辆，沿线工务段均备有中型、重型拖吊车多台，以拖吊发生故障的重型车与集装箱汽车；私营性修理厂设有“责任维护工厂”告示牌，可以提供车辆维护与拖吊服务，福特汽车公司还配备有检修车辆16台，分区巡回检修抛锚车辆；在沿线城市设有59处特约“紧急伤病员救护责任医院”，负责急救高速公路上的伤病患者。

日本规定，高速公路服务区标准间距为50公里至60公里，每隔100公里设一个服务设施齐全的一类服务区。每公里设有紧急电话，每500米之间设有常备电话。

欧美各国服务区设施间距为：15公里至30公里设停车场，50公里至100公里设服务区，具体根据交通量大小而定，交通量大则间距小，交通量小则间距大些。英国高速公路每800米设一紧急电话，美国只在服务区及停车场才设公用电话。

修建服务区或是停车场都要占用大面积的土地，花费一定的建设资金，因此，对服务性设施应有合理的规划布局。休息设施的设置间距主要参考下述条件综合决定。

考虑司机在发现燃料即将耗尽之后车辆仍可行驶的距离。此距离一般以车速每小时80公里至100公里，继续行驶20分钟至30分钟计算，即间距不得超过30公里至50公里。

与加油站的营业需要和交通量大小相适应。交通量大时，需要加油的车就多，间距宜小些。反之，则间距大些。

考虑车辆的维护保养质量及故障率。故障率高，间距不宜过大，应适当增设修理部及停车場。根据有关单位在北京的调查资料，车况中等的货车平均约7900公里就有一次中途抛锚，而车况差的货车平均850公里就抛锚一次，比国外次数要多。对此，在高速公路服务区设置时应予以充分考虑。如果按昼夜交通量在1万辆，货车比重为50%，服务区间距按25公里计算，则一个服务区每小时就要接受100辆至150辆货车。

我国城镇距离一般不超过60公里，乡镇距离约在10公里左右。高速公路服务区的设置应根据城镇位置、城镇规模大小、通过道路交通量、立交匝道的汽车站位置、路线线形、地形及自然环境条件决定。同时还要考虑便于养护管理与服务管理以及投资效益等问题，尽量做到结合具体情况因地制宜。

服务区与停车场的形成主要有分离式和集中式两种。分离式是将停车场布置在主线的两侧，与主线分离；集中式布置在主线一侧或两行车道的中央。另外根据食堂是紧靠车道的内侧还是外侧，可划分成内向型和外向型两种。按加油站在服务区的位置又划分为入口式、中央式和出口式三种。

服务区究竟采用何种形式，要视服务区所处地形及景点布局而定。为了防止收费道路往返行驶车辆互相交换通行卡、收费作弊等现象，休息设施一般宜选择分离式。

服务设施的规模主要取决于停车场面积。而停车场面积又主要决定于需要停车的数量与停车时间。车辆在服务区停留时间与服务质量和提供的服务内容有关。在设有食堂、餐厅和高级餐厅的服务区，停车时间相应较长。在车辆维修保养所，若维修技术高超，维修设备齐全，停车时间就会缩短。因此，高速公路服务设施规模的大小，应当由公路交通量中利用服务设施的停靠车率（即停靠车辆比例）来决定。一般按平均停车时间20分钟考虑。

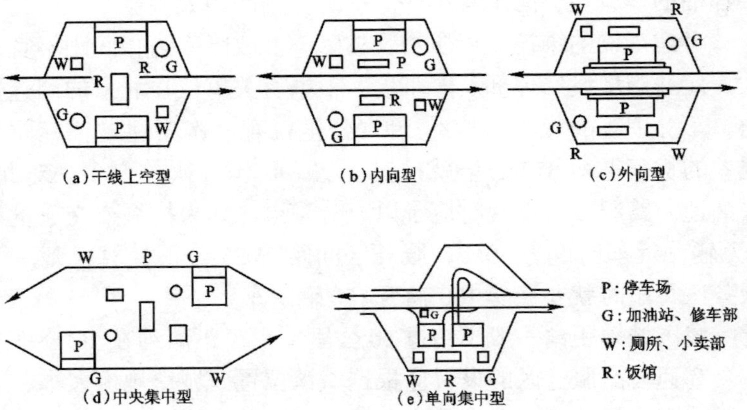

图 5—1　高速公路服务区布置

在大城市近郊，驾驶员经常耽心的是进城寻找停车场与饭店比较麻烦，所以在服务区停车次数多，停留时间也长，服务区规模相应地较大，服务内容多，服务质量高。由于进城与出城交通特点的不同，服务区的规模、服务内容也是分别考虑的。确定停车场停靠车容量时要考虑大小汽车所占面积的不同；大型服务区一侧停车容量为 100 辆至 200 辆，小型服务区为 50 辆至 80 辆，至少也应在 25 辆至 40 辆。

服务设施的其他建筑物，如食堂、厕所、旅馆、加油站、修理部、洗车场的规模，也应根据利用数量、利用时间来决定。在开始规划建设时，还应考虑适应信息传输的需要，预留空地以便建立信息终端服务中心。

服务设施一般主要是为高速公路营运自身服务的，与外界是隔离的。但在设有公共汽车停靠站、来往人员频繁、人口集中或设有娱乐场所的地方、乡镇所在地，也可考虑对外开放，但对外开放须持审慎态度，公共汽车站和娱乐场所的位置应选择适当地点，以免妨碍高速公路服务设施自身功能的发挥。

2. 高速公路的车站

高速公路汽车站分为起始终点站和中间停靠站两大类。

高速公路起始终点站是设置在市区内的公共客运汽车枢纽站，与一般汽车站没有区别，可以同一般汽车站合并设置。应选择与航运、火车、航空或其他运输方式较为方便联接的地方建设，这样既方便旅客换乘，又可以吸引较多的客流量。

高速公路中间停靠站的设置主要有两种情况。一种是将中间停靠站设在高速公路主线上，这样便于高速公路行车。但是，如果高速公路距城镇较远，乘客换车或进出高速公路停靠站就不够方便。具体有两种布局方法：

用外缘分隔带将车站与主线分隔开，汽车由减速车道进入车站，再由加速车道进入主线。

用路标线或栏杆将车站与主线分开，也可以设在硬路肩外侧，让汽车停在硬路肩上。但这种形式只用于交通量不大的路段。

另一种是将中间停靠站设在互通式立交处。

图 5—2 是设在互通式立交处的停靠站的几种形式。

图 5—2（a）的形式，将出入立交的两个收费处并排分开设置，车站设在中间。可以兼作为连接公路的车站使用。

图 5—2（b）的形式，车站设在主线与收费站之间。

图 5—2（c）的形式，车站设在主线上，与立交处共用加速或减速车道。

图 5—2（d）的形式，将一侧或两侧车站设在离立交处一段距离的主线路边。

图 5—2（e）的形式，将车站设在收费站之外。

为使高速公路与相连接公路之间乘客换车方便，少走路程，

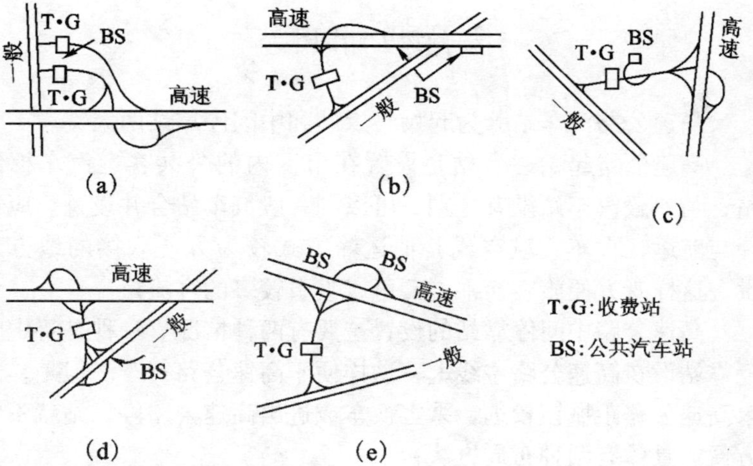

图 5—2 高速公路车站布置

公共汽车站应该尽量靠近相连接的公路。但上述布局方法使车站远离高速公路，同时使公共汽车绕道行经匝道花费较多时间。所以，采用何种形式，应根据立交处的形状及地形具体决定。

也有将车站设在服务区的情况。为了充分考虑旅客出入和上下车的方便，一般设在服务区边缘。

在欧美一些国家，公共汽车站并不设在高速公路上，不仅起始终点站设在城市里，而且中间停靠站也设在沿线附近城镇里，汽车必须先经由立交处绕进城，待乘客上下后再回到高速公路上来。这种方式最大限度地方便了旅客，但其前提条件是城市不能离立交桥距离太远，否则会引起过境旅客的不满。最好的解决办法是在城市与立交桥之间建设公共汽车专用路线，使车站与高速公路相连接。在此专用路线上，高速公路车站与一般车站之间的距离以不超过 3 公里至 10 公里为宜。在乘客较多路段，站距更应缩小。

3. 高速公路的交通安全设施

交通安全设施是为保证行车高速安全和保护环境所采用的设施，包括防护栅（护栏）、防噪音措施、防眩设备、照明、标志及电话电讯等。

防护栅设置于公路两侧及中央分隔带，用以防止车辆驶出公路或闯入对向车道。将事故对乘客的伤害及对车辆的损坏减少到最小限度，并使车辆恢复到正常行驶方向。同时，防护栅还起到诱导驾驶员视线的作用。

防护栅的结构要求坚固（能经得起碰撞、最大限度地减少车辆损失，能尽快恢复车辆正常行驶）、经济、美观以及有良好的视线诱导。防护栅的外观式样和构造要求是使司机得到行驶的安全感、瞭望的舒适性以及与周围环境的协调。

护栏分刚性护栏和柔性护栏两种：刚性护栏刚性强，防止车辆驶出路外的功能较好，但安全性和瞭望舒适性较差，有较强的行驶压迫感。多用混凝土、石料等制成防护壁形式。柔性护栏既拦挡车辆，又能对车辆冲撞有缓冲作用。柔性护栏有栏式和缆式两种：栏式用支柱支撑连续的横导轨，具有一定的刚性和韧性，车辆冲撞变形较大，有利于视线诱导，易于修复。缆式用支柱支撑钢缆，缓冲能力大，韧性强，可以重复使用，连续设置也美观舒适，对行驶无压迫感，但视线诱导差。

防护栅设置高度，一般为0.70米至0.95米。路基两侧设置时，横向应距路基边缘0.3米以上。

路旁防护栅（栏）通常在下述地点设置：

路堤高度大于2米，且边坡坡度大于1:2.5的填方路段；桥梁、涵洞、高架构造物以及隧道入口附近的挖方段；夹在两填方区段间长度小于40米的挖方区段；净空界限外1米范围内有标志柱、紧急电话等区段；在服务区、停车区与主线之间有宽度小于5米的分隔岛处；城镇地区的公路有必要设置的区段。

高速公路中央分隔带上，原则上全线范围内都设置两面型（组合型）防护栅，或在其两侧设防护栅；上下行车道为分离式、高差大于2米时，可只在高的行车道一侧设防护栅；当中央分隔带宽度大于10米时，也可不设防护栅。

防眩设备是为了遮隔夜间乘车的车头灯光，设置在中央分隔带上的设施。其作用是在夜间行车时，防止司机感受对面灯光眩目，以提高行车的安全性。若分隔带很宽或上下行车道中心线高差大于2米或有连续照明的地段可以不设置防眩设备。

防眩设备有两种：一是植树防眩：既防眩光又美化环境，每排树间距0.4米至0.6米，高1.5米，排与排纵向间距为2.6米，树种可为常青树，树木之间植以草皮。二是防眩屏：用金属制成网状或以条状板材制作（用钢板、混凝土板或其他材料制作），两端固定于横梁上，排列如百页窗状，板条面倾斜向行车方向。

反光导标是在车灯照射下，借助反光显示图案标志的设施。它能在未设固定式照明的高速公路上，在夜间和各种恶劣气候条件下提高能见度，显示出道路的线形轮廓，保证高速车辆安全行驶。

反光导标主要有三种功能，一是在弯道处为驾驶员提供明显的指引作用；二是确保车流有秩序地行进，减少交通事故；三能使行驶者及早看清方向，有充分时间采取紧急措施。

反光导标一般有塑料制造的多棱体定向反光片、由玻璃球制造的定向反光膜和由玻璃球制造的定向反光片三种类型。它的设置，必须与其他设施有机结合，充分发挥各自的效用。

噪声损害听觉、危及健康，影响正常的工作和生活，并会对建筑物、仪器产生损害。因此，控制及减少噪声的危害，也是高速公路设计的任务之一。

一般规定路上噪声不得超过60dB，并限制住宅区噪声白天不大于45dB（也不应低于15dB），晚上不大于35dB。为限制噪声，应有相应的管理措施，如规定鸣号级别、时间，设置路障分流行驶等，并应有交通噪声管理条例。

通常采用的防噪措施有如下三类：

隔声墙：通常墙高3米至5米，多用隔声水泥板或混凝土组合托架，其设置应使受音点（如住宅）符合防噪声要求（≤30dB）。

遮音堤：路两旁设土堤，便于绿化。遮音堤两侧坡度为1∶2，顶宽2米至3米，高度以能挡住最高受音者为宜，堤上进行植被或绿化。

遮音林：植树林带一般为10米至20米，隔音效果好，一般可降低5dB至8dB（高者可达10dB），但占地较多。

高速公路的照明设备，是根据高速公路的照明标准配置的。照明标准是用水平照度和不均匀度来衡量的。水平照度是指受光面为水平面的照度，以勒克斯表示。不均匀度是表示受光物体表面照度的均匀性系数，即：

$$\text{不均匀度}=\frac{\text{最高水平照度}}{\text{最低水平照度}}$$

照度标准依道路等级、交通量大小、路面类型等而定。对于高速公路，建议车道水平照度最低不小于25勒克斯。

还应注意照明的配光特性，以取得较高的路面亮度、满意的均匀度，并注意尽量减少眩光，以提高行车的可见度和视觉的舒适感。照明灯光布置可两侧对称，或两侧交错，纵向间距一般为30米至50米，照明灯光度可达1000W，灯柱高为12米至15米。

道路标志包括交通标志和信号标志两种。

交通标志是为交通安全、行车顺适，使司机能预先得知道路交通准确情报所设置的标志设施。包括：

警告标志——如急弯、陡坡等；

禁令标志——如禁止通行、车辆限制等；

指示标志——指示车辆、行人行进或停止的标志；

指路标志——表示行政区划分界、地名或名胜古迹位置距离，预告中途出入口，沿途服务设施等。

交通标志设置在不妨碍交通、不影响视线，且便于维修及醒目易见的地点。设置距离应起到预告、引导的作用，如警告标志设置距离应能保证汽车在标志前及时减速直至停车。立交位置标志除预告外，应在10秒行程前能使司机判明方向。

标志的颜色、文字、形状、大小等根据标志性质应有明显区别，使司机在任何光度下清晰易辨，夜间能反光或发光。

同时，路面划线及标字也是对交通进行诱导或限制的有效措施。

信号标志：即用灯光信号或文字、图形显示的色灯信号进行交叉口的交通管理。一般常用绿、红、黄三种颜色，使用中又分为定时控制和车动控制两种。

定时控制：以一定间隔周期进行循环，绿—黄—红—黄三种灯色，周期一般为30秒至120秒，多用60秒，各灯色占用时间比例，依交叉口交通情况而定。

车动控制：即根据车流变化自动进行信号管理。在匝道入口或交叉口前一定距离设置车辆监视器，用以监视范围内的车辆数和车速，根据要求自动决定开放绿灯或红灯。该控制能缩短全系统停车时间，有效地控制车流的均匀性。

在高速公路上，为了防止与公路无关的人和动物进入，保证车辆高速行驶的安全性，防止非法占用公路用地等，需要设置禁入栅栏。此类设施的类型有金属网型带刺铁丝网型，格子网型和格子板型。禁入栅栏可以全线设置，也可以设在一些必要区段。

4. 高速公路的监控系统

监视控制系统是指利用电子计算机系统对高速公路上的道路安全、交通情况进行监视和控制，使之达到安全、快速、舒适和高效的目的。

监视是指对高速公路运输时的一些主要交通参数，如交通量、速度、交通密度、堵塞情况以及交通状况、路面状况、气象参数等的实时观察和测量，并将其具体情况打印出来，形成资料文件。

控制是根据实时采集到的上述一些参数和状态，按照某种预定的性能准则调节高速公路上的交通参数（允许车辆进入或离开），从而使高速公路自动地保持最佳运动状态。

高速公路监视控制系统是促使公路严格科学管理的重要途径，它不仅能改善高峰期间车辆平均行驶速度，增加高峰期间的交通量，减少交通堵塞程度和车辆延滞时间，同时也能大大减少交通事故，节约燃料和减少车辆的磨损等，充分发挥高速公路快速、安全和高效率的功能。监视系统综合了系统工程、交通工程、电子、通讯、计算机、土木工程等多项专业技术，它在高速公路上的应用和发展，也促使了与之相关的专业技术的开发和发展。

高速公路监视控制系统一般采用分层结构的三级管理体制，它分为控制中心（管理局或处）、控制分中心（管理处或所）和外场终端设备（监控站和收费站）。

一般来说，一条线路设立一个管理局或处，根据线路的地理、行政区域状况，下设若干管理所，每个所管理若干公里区段，其中包括若干个立交点、停车场、隧道等设施。

尽管高速公路监控系统综合了多项专业技术，其结构体系的核心设备是电子计算机。一套功能完整的电子计算机监控系统，其成本约占高速公路全部投资的5%至10%。

监控体系由控制中心，控制分中心和终端设备组成。

控制中心主要负责全线路范围内交通情况的监视和控制。它接收各控制分中心传来的由各路段送来的外场终端设备所测得的交通参数和气象参数，经计算机分析、处理、判断，并作出控制方案的决策，发布指令。通过公路上的各种各样的道路情报板和各入口匝道收费站实施对公路上交通的调节和控制，同时要显示、打印、记录有关交通参数、气象参数、故障和事故情况。它相当于整个系统的总决策部、总指挥部。

中央控制室由计算机室、交通状况监测装置，操作台及其他业务设备组成。

计算机室：一般配备有中央处理装置及操作系统、信息收集、信息显示等几个辅助处理设备。为防止因故障而中断，还配备有备用机。配备的数量由业务规模决定。

监测装置：有大型地图模拟监视板（高速公路全线）、交通数据监视板、监视电视及图像显示设备等。大型地图模拟板有3种形式，即模拟式图形显示板（以地图为背景，图上用各种符号、标记、字母等标明沿线各设施的位置，并用各色指示灯标示出上述设备的工作状态），交通参数显示屏（用表格显示形式，列出规定时间间隔内主要路段的交通气象参数，用以判断交通堵塞情况和预测事故）；交通限制监视屏（对有关区段实施限制，显示限制方向、原因、时间、内容）。

操作台：通过各种键盘操作板实现交通控制与系统之间的信息交换，操纵可变情报板，监视电视与数据板，并将必要的数据输入、显示、储存、传输、打印；对闭路电视进行切换、编辑，遥控电视摄像机操作；对图形显示板的显示和操作，对交通限制的实施操作；对隧道防灾设施的操作与控制；对外终端设备的统一信号启动等。

其他设备：包括传真及数据通讯的自动化设备等。

控制分中心汇集外场终端设备送来的各种信息情报，进行预处理或直接转送到控制中心。同时，接收控制中心发出的控制指令，操纵道路情报板。控制分中心也具有某些局部的监视控制和显示功能，必要时，可作为控制中心的备用机构。有的控制分中心还兼有有关电力系统（例如发电、配电、照明等）监视和控制的功能。

终端设备包括设在公路沿线的车辆检测器、应急电话、道路情报板、闭路电视摄像机、气象检测器、测速雷达等，都由有关立交点、服务区、停车场、隧道等处的监控站归口。主要任务是采集交通数据、气象数据、监视交通状况、显示有关道路情报等。

根据高速公路发生堵塞的原因，对公路上的交通流常采用以下两种控制方式。

流入控制方式。

这种方式是通过控制道路入口匝道处的车辆流入量，将公路上的交通量保持在允许数值范围内。若在某一段时间内，测到交通量已接近或超过最大允许值，且已出现某种程度的堵塞现象，控制中心就要发布指令，闭锁一些入口匝道，以限制进入公路的车辆数，缓解堵塞，使道路的交通状况恢复并保持在最佳或接近最佳状态。

流入控制方式主要用于防止或缓解因车流量过大引起的自然堵塞现象。城市高速公路多采用这种控制方式，因为城市高速公路线路短而稠密，呈环形或放射形布局，因而自然堵塞现象比较严重。

流出引导方式。

控制中心通过道路情报板或无线电广播等手段对事故发生地

点上游路段的车流实施流出引导，让它们由上游路段内的出口匝道离开公路，缓解出现的严重堵塞现象，让车辆转入一般道路上，以避免堵塞严重化。

流出引导方式又称为紧急控制方式，主要用于城间高速公路。因为，此类型公路距离长，线路单一，出口和入口之间距离远。

流出引导方式和流入控制方式往往是相辅相成的，但对不同的高速公路有主次之分。

为完成高速公路监视系统的控制功能，监视系统大致由信息收集系统，信息传输系统，通讯系统，中心处理系统，道路情报系统和其他系统组成。

信息收集采用以下装置。

车辆检测装置：通过各类车辆检测器可以测定交通量、车速、道路占有率等交通情况的数据，作为交通管理与控制的基本依据。在高速公路出入口及主干线上设置车辆检测器，用以测量通过车辆的数目和存在的时间，由这些参数就可以计算出在某时间间隔内某处的速度、密度、占有率及堵塞程度，作为控制中心分析、判断，作出控制方案的主要依据。车辆检测装置的设置间距应根据道路的重要程度及交通量来选择。一般在干线上每隔一定距离设置一只。例如，城市高速公路每 500 米左右可设一只；城间高速公路则可每 2 公里设一只，或者在指定区域设置，如在互通式立体交叉出入口处设置。通过对车辆检测装置的适当组合与配置，还可测出车型、车高等参数。

车辆检测器种类很多，有环型电感线圈式，超声波式，电光式和固定元件照相机等。利用一个检测器接受的信号可以计算出一定时间内的交通量和道路占有率；利用两个检测器的信号间隔时间及这两者间的距离，可以算出汽车速度，根据一辆车感应信号时间的长短可以分出车型的大小。

气象检测装置：高速公路的快速、方便、舒适、安全和经济等功能与气候密切相关。因此，气象资料也属于交通管理的基本数据。气象检测装置观测气温、路表下不同深度的温度及浓雾、风向、风力、雨量、路面积雪及冰冻状况等参数。其中最重要的是风力、降雨、冻结和雾。因此，作为控制方案制订的依据，必需考虑公路沿线的气象条件和有关参数。根据路段具体情况，在监视系统中设置气象检测装置，收集有关公路沿线的气象资料，将这些资料数据传送给管理中心，输入计算机处理，供交通控制使用。气象状况的检测方法很多。如利用红外线温度遥感测试仪，可以测出路表温度；利用穿透率计测出大雾浓度；利用冰的光反射性能的不同而制成的非接触式路面冻结检测装置：可自动分辨路面干燥、潮湿、积雪、冰冻等各种情况。

测速装置：包括行车时间计测装置和自动超速检测装置。常见的为测速雷达，主要装备在高速公路一些主要路段或在出入口匝道附近。专门用于检测来往车辆的行车速度及时间和交通拥挤状况。若发现不符合规定行车速度的违章车辆，就及时发出警告信号并拍摄车型、车号，将信息传送到中心控制室，以进行处理和统计。

闭路电视：在车流量大，车辆密度稠的区域或立交出入口附近，收费口、隧道口、大桥等特殊路段和事故易发区安装电视图像摄影机，以通过视觉的方法掌握有关区段的交通情况。一旦出现故障或发生交通事故，中心控制室可以及时掌握事故的发生地点、时间和严重程度，以便迅速作出反应，采取相应措施。摄像机可由中心控制室进行遥控运转，变动焦距、光圈、方位角、高低角和电源通断等。电视的视频信号通过电缆或光缆传送到中心控制室的监视装置进行监视。有的高速公路，电视摄像机的镜头可以覆盖整个区段，这样可以监视全线的交通运行情况。

无线电设备和巡逻车：一般一个管理所至少配有一辆巡逻车

在高速公路上巡视，车上载有无线电台，供巡逻车与控制中心联络，无线电台通过设置在沿线的无线电基地站转发。

紧急电话：高速公路上下行线上每隔500米至1000米左右有一部紧急电话安装在公路两侧的路肩上，主要供车辆在必要时与中心控制室联系，在中心控制室的图形显示板上立即可显示出发送电话所在地点和编号，以便采取相应的应急措施。这些电话仅与管理局、处、所接收台直通，不用拨号。

轴重计及超重录像装置：高速公路一般都有轴重限制，一般为10吨，也有8吨或13吨的限制。设置在收费处或入口处，以便查处或限制超重车辆进入，有的还设置这方面的录像装置。

收费处车辆检测装置：为了控制高速公路的交通量，在入口匝道处设立了收费站栅门，并且有专用的车辆检测装置，用以统计该入口匝道的流入量，是流入控制方式的一个重要组成部分。

信息传输系统主要由电话、电缆线、双纽线和光纤维电缆等组成。

电话通信系统是高速公路运输控制与管理的最主要工具，包括当事人或过路车向中心控制室联络的紧急电话；中央控制室向各有关机构下达事故处理等指令的专用电话；管理机构的内、外业务电话；车载电话等。

光纤通信系统利用光缆作为传输媒介，与金属电缆比较，具有价格低，抗干扰性强，损耗小，频带宽，无感应，中继距离长，传输容量大，线径细，重量轻，高绝缘，可绕性好，铺设方便等优点。因此，特别适用于电视信号的传输，并可用多芯光缆实现同时的多路信号传输。

路车间通信系统：公路与汽车之间利用各自设置的收发通信设备，实现双向通信，便于向司机提供适时、个别具体的信息。除了路侧通信系统外，还有提供数据通信，图像及合成声音联络，也可提供司机与管理机构、所属公司、家庭之间的个别通话，提供数据资料等，业务范围比汽车电话广泛得多。

信息处理系统的主要设施有：计算机及其外部设备，大屏幕图形显示板，电话总机，不停电电源装置系统。

信息处理系统主要有以下功能：

·及时运算、处理、分析各外场终端设备送来的各种数据，并根据要求进行显示、打印、记录或制表；

·根据测得数据进行预测，决定控制方案，由控制台发出指令，控制道路情报板；

·通过闭路电视摄像机监视公路沿线和隧道内的交通流状况；

·负责辖区内的通信联络，包括紧急电话、业务电话、无线电话的接收和发送；

·隧道内火灾以及公路上交通事故的监视记录和报警；

·公路沿线电力系统有关设备的控制和调度；

·全系统设备工作状态的监测；

·协调与其他公路的交通控制等。

信息提供系统包括交通标志、标线、道路情报板、交通广播和路侧通信系统等。管理机构通过信息提供系统向驾驶员提供交通信息或发出命令或指令。告诉驾驶员如何采用合理的行车方式与路线，才能节约时间，以降低成本，增加用户个人利益；提供多种行车方式及路线选择，使道路交通量均匀分布，提高道路利用率，提高社会效益。

高速公路的紧急求援系统，对于确保道路的“安全、畅通、高效”有着举足轻重的作用。一旦发生交通事故或车辆发生故障，排除事故的速度以及减少事故对交通流的影响程度，就取决于有效地协调紧急救援系统各机构的行动。这个系统包括高速公路管理局和公路经营者、交通警察、公路养护队、医疗、消防、环卫、救援组织等有关方面。控制中心根据事故监视信息，利用各种通信设备，安排必要的排除事故的措施。

排除高速公路交通事故的措施一般包括：提供紧急救援（安全、防护、消防和救护等）服务；维修和牵引事故车辆；改变交通管制方案；提供交通事故情报等。

5. 高速公路的美化与绿化

美化高速公路沿线环境可以使我们在高速公路上旅行心情舒畅，不会感到疲劳，而绿化又是公路沿线的主要美化问题。

高速公路的美化，首先是线形美化。高速公路平纵面线形要求顺适，平曲线与缓和曲线要求半径较大，我们不主张简单的长直线的审美价值。人们对自然景色的欣赏在定线设计中就给予了充分的考虑。任意处置沿线树林或路旁自然景色是不允许的。在符合路线设计要求原则，又不增长路线里程的前提下，比如能设计利用一处短隧道通过悬崖峡谷，或具有瀑布天然美化地区的路线，即使稍为增加点工程费用也是可取的。

其次是美化桥梁构造物。人们对桥梁构造物美的追求，常着眼于轮廓、格式与材料结构等。我国石拱桥和双曲拱桥具有民族风格。近年来采用的悬索桥、斜拉桥在大跨度桥梁中更是气势非凡。桥梁的栏杆及挡土墙、涵管等都要讲求美，美主要反映在观瞻和耐用上，从设计、施工到保养都要引起注意。

第三是道路横断面的美化。就不同的横断面形式而言，美国主张穿过城市的高速公路采用低于地面的凹式横断面，比高架桥式更容易美化。前一种型式可使街道在平面上与公路形成立交，隔离直达运输行车的噪音和烟雾。并且，槽式路型可沿断面种植树草，在贴近凹式高速公路的辅道和街道，也能种植行道树，更有利于交通地带的公园化，而高架桥很像堤坝把城市分割成两半，对城市有不利影响，但在乡区则有许多好处。当然在市内良好的绿色环境中穿过，也是可行的。

就路幅组成的横断面而言有如下要求：讲求路肩整齐、稳定，路肩铺贴草皮具有与路面不同的颜色等；地下排水，重视纵横排水设备和土壤的合理处置，严格防止地下水造成侵蚀路面；表面排水，强调边沟设计型式的合理等；路旁边坡的修整，可以密切结合所在地控制条件进行特殊设计。美国主张用平坦圆角边坡，减少侵蚀，增加植物覆盖能力；中央分隔带强调宽的分隔带种植树草，窄分隔带在市区采用铺混凝土块的方式。

此外，还有沿途服务设施的美化问题。高速公路沿途设置的服务区、停车场、汽车站、加油站等设施，除满足驾驶人员和旅客的正常需要外，还要强调设置地点的选择和绿化的调节。要有休息眺望园地和风景宜人的优美环境，使驾驶员和旅客能尽快消除旅途的疲劳。

公路绿化是风景布置的一个重要部分，包括种植的乔木、灌木、藤和草。公路绿化应有目的地做好种植计划，根据用途选择绿化品种。如防止侵蚀用，作交通向导式防护用，或作屏风性景致用，以及对乔木、灌木长成后的尺寸形状要求。另外也要考虑植树对行车视距的影响。

植树离路面边缘的距离，都要以交通速度和交通量为依据。美国的经验认为，在双车道公路上相距 3 米至 4 米，在 4 车道及其以上的分道公路上相距 6 米比较适宜。此外还要根据车辆净空要求，限制树枝的最小高度。还要考虑到在大风和雪的重量下树枝弯曲时满足车辆净空的要求。

在高速公路两旁植树，还能起到交通向导和安全防护的作用。例如：乔木用于公路曲线外侧，当交通量小时，在不同灯光和天气情况下，有利于驾驶人员辨别路线方向的变化；驾驶人员还可根据前方树木尺寸的减小，判断出前方将有下坡路段；在路堤边坡，种植乔木和灌木，可以形成一种理想背景和护栏作用，增加行车的安全感；为防止行人、牲畜闯入高速公路，沿路种植带刺的植物，可以代替一部分金属栅栏的作用；靠近互通式立交种植乔木和灌木对改善景观也是很有好处的。立交桥的外观用灌木或乔木加以遮蔽，透过桥栏杆及树木看天空，那侧面影像则显得非常柔和美妙。

六

安全行车

——善待高速公路

高速公路的道路条件和安全设施较好，这里没有行人和混合交通的干扰，车道清晰，坡度平缓，视野开阔，与对向车道完全分开，给人的感觉是在这里行车非常容易。但是，如果对高速公路的行驶特点了解不够，不掌握高速公路上的驾驶操作方法，就有发生重大事故的隐患。

1. 高速公路的行车特性

①车速高、流量大

修建高速公路的主要目的，是为了更好地发挥汽车的“高速”这一特点，禁止拖拉机、施工机械等低速车辆通行。车辆在高速公路上行驶时，时速不得低于50公里。尽量缩小车辆与车辆间的速度差距，从而减少车辆变道的情况和追尾碰撞的可能性，可保证整个车流的高速度和大流量。

②管制严、出入难

由于高速公路采用全封闭系统，它除了具有一般公路的管理特点外，还具有中央分隔带、多车道（每一方向至少有两个车道）行驶、对出入口进行控制的特点。车辆在高速公路上行驶，只能在规定的出入口出入，没有平面交叉，不得掉头、倒车和穿越中央分隔带。汽车进入或驶出高速公路，必须沿指定的出入口进出，无其他道路可行。

③刺激少、易疲劳

由于我国一般公路大都是混合交通，所以当驾驶员驾车从人车混行的一般公路进入高速公路时，由于外界的刺激和信息大量减少，顿时会感到轻松自如，驾驶员压抑的情绪得到解脱。但全封闭、全立交、有隔声屏的高速公路，外界景观单调，对驾驶员的刺激减少。高速运行的汽车使驾驶员的心跳次数增加，导致生理心理失调的频率加快，从而使驾驶员容易疲劳。其次，由于高速公路平直宽敞，视野开阔，车辆在这种道路条件下高速行驶时，发动机的声调一成不变，司机开一阵车后，也会因缺乏感官刺激，逐渐产生精神疲劳而昏昏欲睡，速度感和快速反应能力都会随之减弱。在这种情况下，发生事故的可能性增大。再次，从视觉特性来看，汽车高速行驶，迫使驾驶员的视线转移到前方的远处，这样虽然可以得到远处的交通信息，但是眼睛总盯着远处看，容易把同向行驶的车看成是静止的，把静止的汽车看成是行驶的，形成一种错觉。在这种错觉下，驾驶员常常会把交通阻滞处停驶的汽车看成是向前移动的，从而不注意降低车速，往往发生追尾碰撞事故。为了避免这种错觉引起的失误，必须区别前行时车辆是行驶的还是静止的。其方法是：注意观察前方车辆的路旁景物与车辆的位置关系。另外，驾驶员的眼睛长时间地注视着远方，还会产生一种误差，把近处的东西看成是远方的，医学上称之为“空虚近视”，这对行车安全也是极为不利的。鉴于这些原因，公路设计者往往根据沿途的地形、景物等特点，设计一些半径较大的弯道，以调节司机的行车心理，改善行车条件，减少车祸发生。在高速公路的长直线段上，设置一些醒目的标志和别致的建筑物，或通过精心的绿化景点设计以调节行车环境。

④冲突少、要求高

在一般道路上常常出现交通拥挤，车速提不高，交通事故多，其根本原因是行驶中的车辆之间干扰太大。干扰有两个方面：一是纵向干扰，即交通流本身车辆之间由于速度差产生的干扰（其中包括往返两个方向车辆之间的干扰）；二是横向干扰，主要是在平交路口横向车辆的干扰及行人横穿马路的干扰。为了消除或减轻这些干扰，对高速公路提出了四点基本要求：一是限制速度；二是设置中央分隔带；三是立体交叉；四是控制出入。前两项缩小了同向车辆间的车速差，隔离相向行驶的车辆，从而排除了纵向干扰；后两项减少甚至消除了交通流的冲突点，从而排除了横向干扰。因此，高速公路较之一般公路车辆冲突少。

要求高，是对行驶在高速公路上的车辆驾驶人员而言的。由于我国道路交通的“路情”，使许多驾驶员习惯于一般公路行车时交通民警和红绿灯的指挥，而比较忽视道路交通标志的作用，对高速公路上全新的标志不够熟悉或理解不透。对路上各种感应器和道路情报板提供的道路交通信息不能正确利用。这就要求驾驶员必须熟悉高速公路的组成特点、标志、标线的内涵以及特有的情报感知装置的显示功用，只有这样，才能确保高速公路车辆行驶的快捷、舒适、安全、高效。

⑤制动停车距离长

汽车是一种快速运输工具，其高速行驶是以能迅速停车为先决条件的。汽车的制动装置是实现减速、停车功能的保证。在实际制动停车过程中，不是驾驶员踏下制动踏板后就会立即停止的，从驾驶员发现危险情况采取制动措施，到完全停车，需要经历司机反应过程和制动过程两个阶段，在这两个阶段汽车行驶的距离称为车辆制动停车距离，按下式计算：

$$S_{制} = \frac{V}{3} + \frac{KV^2}{254\ (\varphi \pm iK)}$$

式中：

$S_{制}$：汽车制动距离（米）；

V：开始制动时汽车的行驶速度（公里/小时）；

φ：道路纵向附着系数。与路面状况有关；

i：道路纵向坡度。上坡为正，下坡为负；

K：制动系数，取值在1.2至1.4之间。

由上式可以看出，制动距离的长短主要与行驶速度、道路附着系数及制动装置结构等有关，其中制动前的汽车行驶速度影响最大。计算表明，行驶速度越高，制动距离就越长，行驶速度增加1倍，制动距离则增加约3倍。高速公路上行车，由于车速增加，制动距离较大。因此，驾驶员在高速公路行车时，必须考虑到制动距离的变化特点，充分估计到车辆制动距离，遇有情况，应提前减速采取措施，以免交通事故的发生。

⑥转弯离心力大

汽车在高速公路上行驶，由于道路和交通环境的变化，免不了要做曲线运动，汽车做曲线运动必然要产生离心力。离心力达到一定程度，汽车就有发生侧移、横向倾覆的可能性，汽车的操纵稳定性将下降，对车辆的正常行驶带来影响。

从第二章的圆曲线设计中我们知道，影响离心力的主要因素是汽车行驶速度、汽车质量和圆曲线半径。在一定条件下，如汽车装载量确定、道路确定，可以认为汽车质量和转弯半径是定值，汽车行驶速度则是关键因素。由于离心力大小与速度的平方成正比，车速越高，产生的离心力越大。因此，在一般公路条件下可以安全通过的弯道，在高速公路上，由于车速的提高，离心力显著加大，则可能发生侧移或横向倾覆，尤其是重心高、质量大、行驶在光滑路面条件下更是如此。

对于给定了道路的圆曲线半径，并已明确了路面的横向坡度和道路附着系数的路段，其允许最高行驶速度为：

$V=\sqrt{127R\,(0.6\varphi+i)}$

式中：

V：允许行驶速度（公里/小时）；

R：圆曲线半径（米）；

φ：道路附着系数；

i：转弯处的道路横向坡度（%）。

一般情况下，高速公路在设计上可以保证行车速度要求，但在特殊条件下，如遇有冰雪，道路附着系数下降，则允许行驶速度将大大降低，这一点应特别注意。

⑦轮胎性能下降

轮胎是汽车与地面接触的中间媒体，它除了缓解和衰减汽车行驶中的冲击振动，支撑汽车重量外，还负责提供良好的附着条件，从而顺利实现对汽车的控制，如制动、转向等。

轮胎性能主要是轮胎对地面的力学特性，如缓冲性能、牵引性能、通过性能等。作为高速公路行车的一个显著特征，主要表现在其高速性能方面。轮胎高速性能主要体现于轮胎生热和液面效应。虽其产生的机理不同，但两种作用的结果均将导致轮胎功能失效，使汽车控制受到阻碍，不能适应道路交通环境，引起交通事故。

由气体状态方程式可知，轮胎气压和压缩空气温度存在如下关系：

$PV=mRT$

式中：

P：轮胎气压；

V：轮胎内胎容积；

T：轮胎内部温度；

m：轮胎内压缩空气质量；

R：气体常数。

行驶中，轮胎要连续不断地产生伸缩变形，橡胶与帘线，帘线与帘线、外胎与内胎及胎面与地面等均会发生摩擦，生成大量的热，而轮胎材料主要为橡胶和化学纤维，是热的不良导体，所以热量难以散发，这就使得胎体内温度逐渐上升。由前述关系式可以看出，由于胎体温度升高，导致轮胎气压增大，而与此同时，橡胶性能因高温而下降。因此，当胎体温度达到一定时，气压超过橡胶材料的极限强度，必然引起轮胎损坏。

根据实验可知，轮胎变形、摩擦生热引起轮胎内部温度变化(T)，主要与轮胎承受负荷（P）和旋转速度（V）有关，即：

$T \propto PV$

由此可见，随着汽车行驶速度 V 的增加，轮胎内部温度 T 上升，轮胎气压 P 增高，轮胎强度下降，轮胎损坏的可能性加大，使汽车失控引发交通事故的可能性提高。

当汽车在具有一定厚度水膜的路面上行驶时，由于轮胎的高速旋转和积水的惯性作用，未能及时排净轮胎前面的积水，轮胎与地面不能直接接触，从而形成了一个水楔（图 6—1）。由于水的动压作用结果，轮胎可以全浮在水面上打滑，从而使得汽车制动距离增长，前轮不能承受侧向力的作用，车辆无法操纵控制，在需要改变行驶方向时，即使是很缓慢的弯道也将无法通过。这种效应称之为轮胎液面效应。

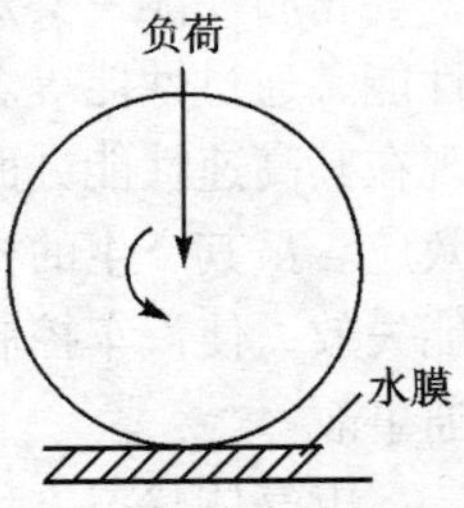

图 6—1 水膜滑溜现象

液面效应的产生具有一定的临界速度，临界速度的大小取决于水膜厚度、轮胎花纹沟槽的深度和轮胎气压。一般来说，水膜越深，轮胎磨得越光秃，轮胎气压越低，则产生滑溜现象的临界车速越低。例如，水膜厚度为 2 毫米时的新轮胎，临界车速为 120 公里/小时；而水膜厚度为 8 毫米时的浅花纹轮胎，临界车速为 80 公里/小时。

由于轿车的轮胎气压较低，临界车速也较低，而一般来说轿车的行驶速度又比较高，所以，轿车最容易产生滑溜现象。

2. 高速公路的行车规定

高速公路由于具有良好的交通环境，人们在高速公路上行车有一种安全感。但是，如果忽视了汽车在高速条件下行车特性的变化，不能很好地掌握高速公路行车要求及驾驶操作方法，就孕育着发生重大事故的可能性。因此，必须从行车前的准备工作开始，注意行车每一环节的问题。

①行车前准备

汽车驶入高速公路前，为了使驾驶员全身心地投入到汽车驾驶中，需要在行车前作好以下准备工作。

制定行车计划

首先要弄清高速公路的布置情况，如高速公路经过哪些城镇、出入口分布，与其他公路的连接、收费方式等情况，确定最佳驶入口和驶出口，以防止行车中产生迂回等，从而减少行车时间。

其次要安排好出发时间和中途休息点。长途行驶，应事先熟悉高速公路沿途服务设施的分布情况，根据行驶里程、行车时速等，安排好中途休息点，以保证驾驶员有充沛的体力和精力及正常的反应水平，正确地驾驶汽车，适应道路交通的需要。

此外，驾驶员应熟悉沿途情况，如交通量大小、分布状况，沿途加油、停车、维修等服务设施的分布情况等，以便采取预见性驾驶措施，克服急躁情绪。同时要带足旅行物品，以便安心驾驶。

②检查车辆技术状况

汽车在高速公路上出现技术故障，容易引发交通事故。因此，驾驶员应当养成在行车前检查车辆技术状况的良好习惯，做好行车前的检查工作。检查的部位和内容如下：

制动装置检查。主要检查制动踏板的自由行程是否合适，制动是否灵敏，左右制动是否一致。制动气压、液压是否符合车型的要求，制动管路有无渗漏现象，液压制动液是否充足，气压制动打气泵工作是否正常。传动带松紧度是否适宜，有无损伤。制动距离是否符合车型要求。左右制动印痕是否一致，制动是否跑偏。

转向装置检查。主要检查方向盘转动是否灵活，有无沉重、发卡现象，方向盘左右转过角度是否符合车型的要求。各种转向传动机构联结是否可靠，如转向横、直拉杆等联结螺母是否松动；具有液压助力系统的汽车，液压管路有无渗漏现象。

轮胎检查。主要检查轮胎气压是否符合标准；轮胎是否有裂纹及损坏处；轮胎是否有异常磨损；轮胎是否扎入钉子、石头等物；轮胎花纹深度是否符合规定等。

发动机检查。发动机冷却装置是否漏水，冷却水量是否充足；风扇皮带的松紧度如何，皮带有无损伤；发动机润滑油量是否足够；燃油量是否充足；传动各部分联结是否可靠，紧定螺栓有无松动。

其他方面的检查。转向、制动等各种指示信号灯工作是否可靠；车内各指示仪表的工作状况，如制动压力表、车速表、水温表、油压表、燃油表、电流表等；反射镜的反射现象是否良好，各种照明灯光工作是否可靠等。

汽车的技术特点和交通肇事的经验教训都说明，精心检查是安全行车的必要条件。通过检查才能真正做到无故障出车，使汽车控制自如，得心应手，消除事故隐患。

③检查货物、人员的乘载情况

货物装载直接影响汽车行驶中产生的制动力、附着力、离心力等的大小，对汽车操纵稳定性有很大影响；人员的乘载情况，则直接影响到乘客的安危。因此，货物、人员的乘载除必须符合规定的装载质量、载乘人数、装载长度、装载高度、装载宽度外，还应注意以下问题：

货物捆绑。汽车由于高速行驶，转弯时离心力很大，如果货物捆绑不牢或没有捆绑，转弯时极易被甩出，从而诱发交通事故。所以，行车前必须认真检查。同时，由于车速高，迎风阻力大，货物若盖有篷布等要扣紧捆牢，防止随风飘扬，影响行车视线。

货物装载分布。在货物装载中，一般为了装卸方便，常将货物偏向车厢后端分布，在车厢前端与驾驶室间留有空隙，这对驾驶员的安全构成了很大威胁。万一发生碰撞事故，由于车厢前端留有空隙，碰撞时被冲击的货物移动能量大，从而冲击驾驶室，使驾驶室受到损坏，驾驶员受到伤害，特别是运送一些长大件货物，如圆木、钢管、水泥构件等。因此，装载时，应消除车厢前端空隙，以确保驾驶员安全。此外，货物装载分布不均，也极易造成个别轮胎严重超载，引起爆胎等事故，进而引起交通事故。

人员乘座安全。汽车长距离高速行驶，人员乘座必须安全、舒适。乘员座椅固定要可靠，按规定使用安全带的座位，安全带安装要齐全。汽车起步前，应提醒乘务员系好安全带，并在各自位置坐好，严禁人员站立行车。

④进入高速公路

高速公路设计车速高，中途严禁随意停车，如果车辆技术状况差，中途易出现故障抛锚，势必影响后续的车辆，甚至会引起严重的交通事故。由此看来，提高高速公路行车的安全性，除依靠公路设施提供保证外，对进入高速公路的车辆进行限制也是必不可少的手段，即对进入高速公路的车辆进行技术把关，是高速公路安全、畅通、高速的重要保证。为此，有关交通法规对进入

高速公路的车辆和人员作了如下限制:

非机动车及行人严禁进入高速公路;拖带挂车的汽车、后三轮机动车、拖拉机、轻便摩托车、电瓶车、轮式专用机械和轮式专用机械车、挂试车号牌的车辆以及挂教练车号牌的车辆都不得进入高速公路。

上述车辆之所以被禁止进入,主要是因为这些车辆速度低,进入后,容易“拖后腿”。此外,挂试车号牌的车辆以及挂教练车号牌的车辆禁止进入,是为了防止这些车辆在高速公路上进行试车或进行驾驶教练。

设计最大时速小于70公里/小时的机动车辆不得进入高速公路。这条规定是对上述规定的补充,对上述规定以外的一些车型,包括已有的和今后可能生产的,设计时速达不到要求,都不能进入高速公路。

道路交通管理机关可以视情况禁止某厂型号的机动车在高速公路上通行,作出这条规定的原因是,道路交通管理机关根据对大量事故的分析或车辆检测场的实际检验,可能发现某厂型号的车辆在设计上存在一些较严重的问题,且这些问题是车辆故障或事故的潜在因素,如果允许这种车辆进入高速公路,发生故障或事故的可能性很大,所以道路交通管理机关为安全起见,有权禁止某厂型号的机动车辆进入高速公路。

汽车的外形宽度(含载货)超过2.5米、高度超过4米时,须经公安交通机关批准方可进入高速公路,并按规定时间、路线行驶。高速公路是按外形宽度2.5米、高度4米的基本车型设计的。车辆在一般公路上以40公里/小时至60公里/小时的时速行驶时,侧向间距要求保持1米至1.4米,而高速公路上的车辆时速一般保持在80多公里/小时,侧向间距应适当加宽。如车辆外形超过规定的限度,就不能提供足够的侧向安全间距。同样,在跨线桥下通过车辆时,也应有足够的安全净空高度。

驾驶员酒后驾驶的车辆严禁进入高速公路。虽然《道路交通管理条例》规定严禁驾驶员酒后驾车，但某些驾驶员对自身要求不严，所以一般道路上酒后驾车引发的交通事故屡见不鲜。而高速公路可以利用进入口进行检测，通过酒敏感检测仪对驾驶员呼出的气体或驾驶室内空气的酒精浓度进行检测，可以识别驾驶员是否酒后开车。

此外，一些国家对高速公路入口处的车辆还进行一些其他的检验，如日本在高速公路入口处设有车重计、车高测量计等，对超过限制指标的车辆禁止驶入。

高速公路的入口控制还不能完全把不利于安全行驶的车辆排除在外，如一些刹车不灵、灯光不亮、轮胎破旧、容易“开锅”等车辆，如果不仔细检查，管理人员往往一时难以发现，所以主要依靠驾驶员的自觉性，不利于安全行驶的车辆驾驶员应自觉遵守有关规定。

车辆行驶在高速公路上，驾驶员以较高的车速驾驶车辆，没有太多的横向和纵向干扰，这与一般公路相比，使驾驶员获得了一定的满足感。与此同时，驾驶员的驾驶行为却受到严格的限制，这些限制的目的就是为了保证高速公路的安全畅通。有关法规对车辆在高速公路上的行驶规定如下：

加速准备。车辆进入高速公路起点后，应当尽快将车速提高到规定的最低速度；从匝道入口或通过收费站后，车辆应在加速车道上加速，并逐渐汇入主车道，驶入主车道时，不准妨碍其他车辆的正常行驶。

车道占用。车辆在高速公路上通行时，应当遵循右侧通行原则，在右侧或中间车道上行驶，不得长距离地占压分道线。另外，车辆在以平常的速度行驶时，不应长时间地占用左侧车道，使得后车无法超越。

无论在任何道路上驾车行驶，抢道、越线不仅对自己车辆是一种危险行为，同时还会对路线上的其他车辆造成威胁。尤其是在高速公路上越线穿行，是极其危险的行为。据统计，高速公路90%以上的事故都是由于不正常改变车道，干扰车流引起的。因此要求高速公路应严格分道行驶。

不得占用路肩。高速公路分道线最外侧设有路肩，它是救急车辆特别通行使用的专用线，同时可供故障车辆临时使用。

一般车辆如果占用路肩行驶，使用了紧急停车带，一旦发生交通事故，就会影响抢险、救护车辆的通行，延误伤员的救治和抢险工程的作业。因此，路肩行驶是禁止的。

车道选择。为了保持车流稳定，满足行车需要，高速公路设置了不同用途的车道，即主车道、变速车道和爬坡车道。充分正确地利用这些车道，可提高道路利用率，减少交通阻塞，提高汽车平均行驶速度。

主车道是汽车正常行驶的车道，它以标线分为两条或两条以上，靠右侧为慢行车道，供汽车正常通行，一般车辆均在此车道行驶，靠左边车道通常为超车车道，供超车使用。

汽车行驶中，一般情况下以右侧标志线作为引导标线，适当靠右行驶，以利于后续汽车有足够的侧向间距。为保证车流畅通，只有超车时才使用超车车道。

在高速公路入口处设有加速车道，在出口处设有减速车道，通称为变速车道。汽车驶入和驶出高速公路时，为了能使汽车行驶速度适应不同道路条件的要求，必须通过变速车道进行过渡。

进入高速公路的瞬间是不能疏忽的。在高速公路上，汽车以高速川流不息地行驶，要想迅速进入车流中，必须有正确的驶入方法。首先根据车流情况，确定插在哪辆车的后面汇入车流，然后打开左转向指示灯，在加速车道上行驶一半以上的路程。车速接近车流速度后，轻轻操纵方向盘，进入主车道，汇入车流，决不可未在加速车道加速，直接并入主车道。

尽管有时高速干道上汽车很少，也应充分利用加速车道，尽可能地提高车速驶入主车道，千万不能掉以轻心。否则，遇有突如其来的后续车辆，可能发生追尾相撞的恶性事故。

汽车驶离高速公路时，应注意交通标志，及早了解出口处的位置，在距出口 500 米处打开右转向灯，徐徐驶入减速车道，在减速车道慢慢减速，驶出高速公路。驾驶员在高速公路上经过长时间的高速行车后，对速度感觉麻木，再加上单调的驾驶，知觉反应变得迟钝，在这种行驶状态下，稀里糊涂地将汽车驶离高速公路，是极其危险的。

汽车不能在主车道上减速，以免影响正常行驶车流，也不可直接高速驶入出口，必须在减速车道内充分减速。

驶离高速公路时，万一错过出口，应继续驶至下一出口方可离去，决不可逆向行驶，否则可能导致事故发生。

爬坡车道是在陡坡路段主车道右侧设置的、供载货汽车行驶的专用车道。载货汽车爬坡时，须克服较大的坡道阻力，致使车速下降，结果造成路上压车，直接影响车流的正常行驶，使小汽车行驶速度得不到发挥，这不仅增加了超车的次数，行车安全性下降，也使道路的通行能力降低。为了消除上述不利影响，在陡坡路段设置爬坡车道，把载货汽车从主车道车流中分离出去，以确保安全、高速行驶。

在设有爬坡车道的上坡路段，载货汽车若爬坡性能差，感觉行驶吃力时，应及时换入爬坡车道，因为在高速公路上车速低于平均速度的汽车，易受尾追或超车的影响，危险性增加。驾驶员应注意，一般为安全起见，当速度降到每小时 60 公里时，应积极利用爬坡车道行驶。

跟车。在同一条车道上，汽车之间应保持多大距离，这是一个经常遇到的问题。驾驶员为了争取时间总是将车间距离缩小，但行车间距太小，容易发生追尾撞车的事故，而行车间距过大，又会影响道路通行能力。所以，必须有一个适当的距离，保证同车道汽车纵队行驶时，前车实施制动突然停车的条件下，后车采取制动措施而不发生碰撞。满足这一条件的距离称为跟车视距。

影响跟车视距大小的因素，主要与汽车行驶速度、反应时间和制动性能有关。行车中，要注意观察车速表的指针指示情况，利用道路一侧的距离判定标志，及时地确定跟车视距，并进行适当地修正。一般时速为 100 公里/小时的车，则应保持 100 米以上的视距；时速为 80 公里/小时的车，则应保持在 80 米以上的视距。遇到雨雪、大雾等天气，行车视距应增加 1 倍以上。

为了及时准确地了解前方车速改变情况，跟车时不能将注意点固定在前一个车上，漫不经心地听任车流行驶，应以 2 辆至 3 辆前车为诱导目标，并作为一个整体捕捉，这样可以防止由于相对速度为零，使驾驶员失去速度感。

超车。在高速公路上超车，虽然不会占用对方车道而同迎面来车相撞，但由于汽车高速行驶特性的影响，如不能适时地变换车道，保持有足够的超车距离，盲目地超车行驶，就有发生碰撞、冲撞和追尾相撞等车祸的可能，所以超车时驾驶员必须谨慎。

超车时，必须有足够的间距，两次变更车道而不影响其他车辆的正常行驶。一般应在距前方车辆 50 米左右变更车道，超越后车 50 米后驶入原车道。

高速公路行车应尽量少超车，必须超车时，应选择在直线道路上进行，当前后方可见度不好，汽车进入弯道、爬坡等情况下，应避免超车。超车时，绝对禁止占用路肩、紧急停车带等。

超车时应避免拖延时间，要超越前车时，必须精力集中，一旦条件成熟，尽快完成操纵动作。超车时，如前方为车队行驶时，要考虑连续超越的可能，一般 200 米以内有车时，应连续超越，以避免变更车道带来的危险。

超车时，应注意后方是否有车，即使发出了变更车道的信号，也不要猛打方向，突然改变行驶路线，以防变更车道时发生碰撞。同时，慢行车道上的驾驶员若发现超车信号后，应在确保安全的前提下，主动礼让，不可加速行驶和任意变更车道。

接近高速公路出入口处应避免超车，出入口担负着车流的集结和分散任务，汽车流量大，交通设施复杂，视线盲区多，在这种条件下超车极不安全。

高速公路保障作业项目较一般公路多，如喷洒盐水、清除积雪、排除故障、车辆牵引、人员救护等。这些作业均是为保障安全畅通而服务的，完成这些作业的车辆享有一定的特权，在执行任务中不受速度、车道、信号等限制，所以，遇有特种车辆超越时，应通力合作，自觉地避让，以保证双方安全通行。

⑤行车速度

行车速度高是高速公路的一大特点。如果公路上有很多车辆以太低的速度行驶，势必要影响整个车流的速度，还会出现频繁变道和追尾碰撞的情况。根据我国现有车辆的总体水平，参考国外的有关规定，我国交通法规规定，车辆在高速公路上行驶时，时速不得低于 50 公里/小时。根据上述法规，车辆在高速公路的行车道上行驶时，如果时速达不到 50 公里/小时，则属于交通违章。

关于最高行驶速度，其他国家一般规定时速为 100 公里/小时、110 公里/小时或 120 公里/小时。我国规定小型客车最高时速不得高于 110 公里/小时；大型客车、货运汽车和摩托车不得高于 90 公里/小时。我国高速公路建设标准与国外相比还较低，安全设施还不够完善，国产汽车质量较差，在连续高速行驶状态下，抛锚现象会经常发生。其次，我国高速公路建设刚刚起步，高速公路交通管理缺乏经验、驾驶员对高速行车也有一个适应过程，因此不宜将最高时速定得过高。

规定最高速度后，驾驶员还应视车辆技术状况及交通状况确定自己的车速。车辆性能不高，即使车速不超过法定的限度，因操纵性变差，对安全仍是不利的。

最高时速和最低时速是指正常行驶条件下适用的行驶速度。遇到天气恶劣、道路抢修、交通堵塞或急弯、隧道路段时，最高时速不适用。此时，一般在有关路段前设置临时限速标志牌，驾驶员应当遵守交通标志的规定。

在高速公路上有低速限制，这是与一般公路不同之处，不能将一般公路上的“宁停三分，不抢一秒”，“十次事故九次快”的经验教训照搬到高速公路上面，以为降低速度就会安全。相反，车速低于整个车流速度，会增加追尾、超车等不安全因素。

驾驶员还应掌握好速度与距离的关系，从一般公路到高速公路，驾驶员对速度和距离的判断会有一定的误差，在确定跟车、超车和停车视距时，切记把速度因素考虑进来。

为了控制汽车行驶速度，一般情况下，驾驶员常常通过制动和油门来完成，但由于高速公路良好的行车条件，制动常被认为是“异常现象”。为了保持适当的车距，有经验的驾驶员总是用油门来控制车速的。高速公路行车中，必须保持车速平稳，变速过渡平滑，切忌采取突然松动油门踏板的做法，使速度出现跳跃。另外，汽车在进入收费口或进入停车区域时，要首先用发动机牵阻制动减速后，换入低档，然后再利用脚制动器缓慢减速，以免突然制动，改变车速，后车驾驶员来不及作出反应而发生碰撞事故。

此外还要意识到路线纵坡度、车辆装载和车辆类型对速度的影响，以便对速度与车间距作出合理的控制。

高速公路由于采用大半径弯道及设置了超高路面，汽车以规定车速通过时，驾驶员只需轻轻转动方向盘就能顺利通过了，切忌转动很大角度，急打方向。

由于行驶速度不同，在方向盘同样大小的转角下，汽车在一般道路和高速公路上所行驶的路线是不同的(图 6—2)。在低速条件下，行驶轨迹是逐渐变化的，但在高速行驶时，则呈急转弯状态。汽车在高速公路上转弯行驶时，如果速度是一般公路的 2 倍，则方向盘转动角只需要原来的 1/4 就足够了。若转动过大，汽车就会脱离正常行驶轨迹，这将是十分危险的。

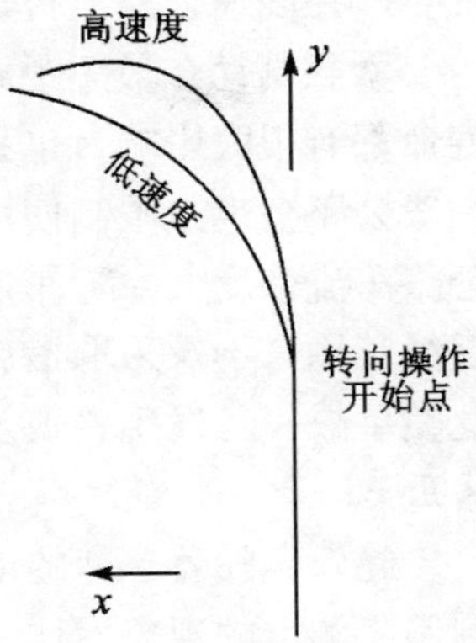

图 6—2

高速公路行车对行驶方向的控制还必须考虑另一个因素，就是侧向风力的影响。汽车在一般公路上低速行驶时，这一点并不突出，但在高速条件下，风力的影响则表现得十分重要了，特别是一些厢式货车、大客车等，重心高，迎风面积大，所受的侧向风力也增大，在阵风的作用下，使汽车突然改变方向，这往往是导致车祸发生的根源。

在高速公路行车遇有强风时，因风速和方向的变化并非连续，常常感到方向盘有突然失去控制的感觉。汽车通过隧道、山口、桥梁等路段时，往往会突然遭到风力的袭击，因此，驾驶员要有充分的思想准备，双手握牢方向盘。有的高速公路沿线设有风标，行车中要注意风标的变化。如果风标正好下垂，则风速为 2 米/秒以下，是最安全的；如风标有 45°左右摆动，风速为 5 米/秒；风标完全横向飘摇，风速超过 10 米/秒，此时必须严格控制汽车行驶速度，严密注意路面交通情况，把握好方向盘。

⑥制动的运用

制动是实现汽车减速、停车、进行紧急避险的一种手段，但制动运用不合理，不仅起不到有效防范作用，反而会导致事故的发生。在高速公路上行车，特别注意不要使用紧急制动。

紧急制动在最短距离内减速或停车，对汽车机件和轮胎使用寿命都有很大影响，也易给乘客带来危险，对货物造成损坏，在一般公路上也是限制使用的，在高速公路上更应禁止使用。高速公路车流密度大，行车速度高，行驶中某一辆车突然紧急制动，后续车辆来不及采取措施，必将发生多辆汽车接连相撞的事故，此类事故一旦发生，殃及车辆较多，死亡率极高，各项损失十分惨重。

此外，随着车速的增加，轮胎对路面的附着能力下降，制动跑偏，侧滑的现象增加，这将使汽车的行驶方向难以控制，在严格分道行驶的高速公路上加大了撞车的可能性。特别是在路面光滑，如积雪、结冰、积水等条件下，更绝对禁止使用紧急制动。

车辆行驶中，如发生油路故障或燃油耗尽等“渐发性”故障，需要临时停车检修时，应把车辆开到附近的紧急停车带上，或至少利用车辆的惯性把车辆开到路肩上进行检修，禁止在行车道上修车。

车辆修复后需重新返回行车道时，应当先在紧急停车带或路肩上提高车速，并开启左转向灯。进入行车道时，不准妨碍其他车辆的正常行驶。

车辆行驶中，如发生突发性故障，如车辆突然失去动力等情况，驾驶员也应尽量利用车辆惯性将车辆移到路肩上检修。往往是当驾驶员发觉时，车辆速度已经降低，乃至车辆直接抛锚在行车道上。此时，驾驶员必须立即开启危险报警闪光灯，并在行驶方向的后方100米处设置故障车警告标志，夜间还须同时开启示宽灯和尾灯。驾驶员和乘车人员必须迅速转移到右侧路肩上或者紧急停车带内，并立即用路旁紧急电话或其他通讯设备报告交通警察。车辆因故障抛锚后，除执行任务的交通警察外，禁止任何人在高速公路上拦截车辆，以确保车辆停车后的驾驶员和乘客的安全。

车辆发生事故时，应立即就地停车，未经交通警察允许或因消防或抢救伤员，不应随意将车辆移开，以便交通警察进行现场勘查。为防止发生连锁的碰撞事故，驾驶员应立即将乘车人员转移到右侧路肩上，并进行报警。在交通警察未赶到现场之前，驾驶员应保护好现场、组织自救、等候处理。

3. 高速公路特殊条件下的行车

①隧道行驶

隧道是高速公路的重要组成部分，尤其是高速公路进山后，隧道所占比例较大。由于环境明暗变化，隧道是事故的多发路段。

当汽车驶入隧道时，视野发生了变化，猛然两侧的视野被侧壁挡住，感觉行车道越来越窄，并产生将要与隧道内壁相撞的感觉，紧张感便形成了。同时，汽车进出隧道时，由于光线的强度不同，驾驶员有一个明暗适应的过程。尤其是由明处到暗处这种暗适应所需的时间更长。这时，后镜的功用不理想，后方车流动向难以辨认、判断，也会造成驾驶员的不安，引起盲目加速和减速。

汽车驶出隧道口时，会突然遇到侧向风的作用，汽车在高速条件下，极易造成方向摆动，脱离正常行驶轨迹，引发碰撞事故。

因此，隧道行车时应注意以下问题：

开灯行驶。尽管高速公路隧道内都装有照明设施，但隧道毕竟不同于日光下的洞外路段，相比之下，照明色调效果远不及日光。除发光体以外，在行驶中难以看清前方车辆的本来面目，灯光信号成了驾驶员判断前车的惟一手段。因此，汽车灯光照明设备必须完好。即使在白天，仍应在隧道入口前约 50 米处打开前灯和示幅灯。打开尾灯，以便后续车辆驾驶员辨明前方有车，而不致发生追尾相撞。

调整汽车行驶速度。从洞外路段驶入隧道内路段，据测定，人眼的适应时间大约需 10 秒左右，为了弥补这数秒内的视力下降，必须调整车速，否则很容易发生车祸。

较长的隧道，由于施工、排水等使用上的考虑，隧道内常常设计成缓坡，驾驶员必须考虑这一影响。在隧道内行车，不太容易分清上下坡。在长隧道内，多数前半部分路段为上坡，后半部分路段为下坡，由于这种纵坡结构，汽车驶出隧道的平均速度比驶入隧道的平均速度高约 5 公里/小时至 10 公里/小时。为避免出现车祸，在隧道内行车不能凭直觉判断车速，一定要通过车速表确认行车速度。

注意隧道内交通情况。汽车进入隧道后，不能像一般道路那样，直观方便地观察到交通状况，提前采取措施。应避免茫然驶入隧道而受到车祸的威胁，特别是大火的影响。

严禁随意停车和超车。虽然隧道内车道宽度与洞外路段相同，但由于隧道总幅变窄，没有像洞外路段留有较宽阔的路肩，只留有高速行驶所需的最小基本宽度。因此，隧道内停车和超车是十分危险的。

控制好方向盘。隧道的出入口处是气流变化较大的地方，受侧向气流的影响，常常产生较大的侧向力，使汽车突然改变行驶方向。驾驶员必须注意到这一影响，在降低车速的同时，应紧握方向盘，保持汽车的行驶方向。

②弯道行驶

汽车在弯道上行驶具有以下特点：

易脱离正常行驶路线。现代汽车大都是前轮转向，在转弯时，汽车前轮和后轮的轨迹不重合。如果只顾内前轮通过障碍物，就可能造成内后轮脱离正常行驶路线，撞击护栏等，这在高速条件下是极其危险的。此外，汽车转弯时要占用比直线上更宽的位置，特别是载运超长大件物资时，这一点也必须考虑。

易产生侧滑和横向倾覆。由力学分析可知，汽车在弯道上行驶将产生离心力。离心力大小与汽车行驶速度成平方关系增长。当离心力超过道路附着条件时，就会产生侧滑甚至倾覆。以下情况容易发生这种事故：

下坡、急转弯、道路视线不良、转弯速度高时，驾驶员来不及打方向盘，外侧车轮易滑出路面。

路面光滑，横向附着系数小，在转弯时，外侧车轮会滑离路面。

车速过快，重心过高的车辆。

在弯道处采取紧急制动，车轮制动抱死，不仅方向失去控制，而且横向附着系数几乎为零，在很小的侧向力作用下就可能产生侧滑，并因此发生事故。因此，汽车转弯时，应提前减速，然后驶入弯道通过。在光滑路面转弯时，更应注意这一问题。

③雨天行车

雨天行车，由于路面潮湿或积水，路面附着系数下降，因而汽车制动距离延长，容易产生侧滑和滑溜。由于车速高，在一定时间内降落到汽车挡风玻璃上的雨滴数量较多，雨势感觉较强，湿气使车窗上蒙上薄雾而模糊不清，驾驶员两眼看清的范围仅限于雨刷滑动部分，视野变窄。同时，由于雨水使光线透过率大大减小，视距也大大缩短，对前方物体的观察受到影响。这些都使行车条件变坏。为保证雨天行车安全，应注意以下问题：

出车前注意气象预报和气候变化情况，及早做好雨刮器的检查，点火系统的防潮工作等，以免到时出现问题而陷于危险境地。

为防止水膜滑溜现象，雨天行车速度应比晴天降低至少两成，特别是在积水路面上行车更应如此。遇有情况，要及早采取预见性措施，不要抢道行驶，尽可能不要超车。

提高安全防范意识。在暴雨中行车，驾驶员警惕性很高，但在一般雨天，往往放松了警惕，这是造成雨天事故多发的原因。此外，雨天行车应尽早打开前灯，遇有特大暴雨时，不要冒险行车。

禁止使用紧急制动。行车中除降低车速外，还应加大行车间距。

④雪天行车

降雪和结冰积雪对驾驶员行车的影响主要表现为：制动距离延长。制动距离为干燥路面的 2 倍至 5 倍，这就意味着在同样车速条件下，在干燥路面上能实现安全停车，而在积雪结冰条件下就会酿成车祸。为了克服雪天行车的不利影响，行车中应注意以下问题。

保持均匀的行车速度。在冰雪路面上行车，一般应保持均匀的行车速度，尽可能减少变更车道、超越车辆等操纵。即使在需要提高车速时，也要慢慢踏下油门，不要加速太猛，以防两驱动轮因突然增加转速而打滑，或因左右轮在加速中遇有不同阻力而产生横向滑移。

避免使用紧急制动。雪天行车，应严格遵守限速规定，特别是在进入弯道或下坡前，一定要提前减速行驶，避免使用紧急制动，尽可能利用发动机的牵阻制动控制车速。同时，要密切观察注意其他车辆的动态，加大行车间距，沿着前车车辙行驶。

注意特殊路段行驶。冬季由于温差大，白天有融雪的路段，夜间则可能结冰，特别是在桥梁、高架路面，温度下降快，汽车通过时更易发生侧滑，驾驶员须格外小心。

⑤雾天行车

雾天对于高速公路行车来说，最容易发生恶性交通事故。大雾对驾驶员行车的影响主要表现为能见度下降和路面附着系数下降。雾天行车应注意以下问题：

充分利用各种车灯提高能见度。在雾天行车，应将挡风玻璃、车头灯和尾灯擦拭干净，在行车中打开防雾灯或近光灯，增加能见度。一般行车视距在300米左右时，就应开启前、后车灯，保持一定车间距离，顺着车流行驶。

适时停靠车辆。因大雾的影响，视距降低到200米以下时，驾驶员看不清前车，只能依赖于前车尾灯行进，这已是容易出现车祸的信号。此时，要特别注意自车的防卫措施，较安全的方法是尽快将汽车驶向最近的停车场或休息设施暂避。

正确操纵控制车辆。雾天行车，应将车速降至最低限速行驶，使制动距离控制在可见距离之内，并加大跟车距离。同时，要注意稳定车速，不可猛踩油门、急刹车或急打方向。行车中要集中精力，注意道路标志，以免误入不正确的车道或出口。

⑥夜间行车

为了避开车流高峰，驾驶员有时选择夜间行车。在夜间，驾驶员的有效视野范围只是前灯照射到的地方，由于路面反光，用来判断车道的分隔线往往看不清楚，驾驶员视觉的立体感也相对减弱，中央分隔带和路肩与汽车左右的距离，以及对车辆间距目测不准。此外，进入夜间，驾驶员的兴奋度较差，容易疲劳，尤其是午夜以后最易瞌睡，驾驶员的反应时间增长，操纵灵敏性下降。因此，夜间行车应注意以下问题：

掌握灯光变化规律。夜间行车，灯光是驾驶员获得行车信息的惟一手段，通过灯光可判断路况、车距、车型等情况。

当灯光投射距离由远变近时，表示汽车驶入或驶近上坡路段；反之，表示汽车进入下坡路段。

当灯光离开路面时，表示前面出现急弯或汽车已驶至坡顶；当灯光由路中移向路侧时，表明前方出现弯道。

当对面来车射出的光线较短时，表明来车接近坡道，前方是下坡路段；当对面来车射出的光线与路基脱离时，表明对面来车已接近坡顶，前方开始上坡。

此外，还可根据前车尾灯亮度判断距离远近；根据尾灯左右间距判断车型的大小。

降低行车速度。夜间行车，由于能见度差，灯光照射距离的限制，行车速度应比白天降低 10 公里左右。

夜间停车。高速公路停车是危险的。特别是夜间停车，由于能见度差，灯光又是惟一的标志，很难判断汽车是处于停止还是运动状态，当发现停车时，已经来不及采取应急措施了。

在万不得已必须停车时，应把汽车驶出车道线之外停车，并且及时打开汽车的紧急情况显示灯，显示汽车发生故障停车，以引起其它车辆的注意，从而保证它车与自身的安全。利用路侧电话系统，迅速向有关部门报告，以求紧急支援。

七

智　能　化

——未来的高速公路

高速公路交通系统是由汽车、公路、交通控制和管理系统三大部分构成的。进入21世纪后，各方面都将发生很大的变化。

1. 高速公路的智能运输系统（ITS）

交通拥挤和交通事故是世界各国面临的共同问题。无论是发达国家，还是发展中国家，都毫不例外地承受着不断恶化的交通问题的困扰。

解决交通问题的直接办法是修建道路，但是可供修路的空间越来越少。另外，交通系统是一个复杂的大系统。单独从车辆方面考虑或单独从道路方面考虑，都很难完美地解决交通问题。在此背景下，把车辆和道路综合起来解决交通问题的思想就油然而生了，这就是ITS（Intelligent Transport System）。

所谓ITS，就是把先进的检测、通迅和计算机技术综合应用于汽车和道路而形成的道路交通运输系统。道路、汽车与信息的关系可划分为三个层次，第一个层次即道路和汽车本身就是信息的载体，在道路上行驶的车辆中，绝大多数都携带着信息；第二个层次包括道路的和为驾驶员提供的信息。驾驶员需要有关交通状况的信息以使得其更安全、更有效地驾驶；而交通管理者则需要监视路段上的交通情况而进行有效地管理，以维持良好的交通秩序；第三个层次则是汽车与道路之间，汽车与控制中心之间的信息传递。从接收周围交通环境信息方面看，今天的汽车极少具有智能，而多数公路设施也不能探测交通流的状况，这时驾驶员的行车就带有很大的盲目性，根本没有目前道路交通的实时信息，只能依据自己的观察和经验。ITS 系统就是利用先进技术使汽车有头脑，使道路聪明起来，即改变“愚蠢”的公路上行驶着并不真正聪明的汽车的现状。

ITS 的开发项目分为 5 种类型：

①先进的交通管理系统 ATMS

ATMS 用于监测控制和管理公路交通，在道路、车辆和驾驶员之间提供通讯联系。它依靠先进的交通监测技术和计算机信息处理技术，获得有关交通状况的信息，并进行处理，及时地向道路使用者发出诱导信号，从而达到有效管理交通的目的。

②先进的驾驶员信息系统 ADIS

ADIS 在信息类型及信息接收者方面，与 ATMS 有着本质的区别：ATMS 中尽管具有许多向驾驶员提供信息的设备，如可变信息板、公路咨询广播等，但它们传递的信息量是有限的，而且这种设备是为整个交通流总体服务的，其信息只具有普遍性。ADIS 则是以个体驾驶员为服务对象。驾驶员可以通过其车载路径诱导系统，在与控制中心的双向信息传递中使自己始终行驶在最短或最畅通的道路上。从而可以缩短旅行时间，降低燃料消耗和减少废气排放，使交通拥挤状况得到缓解。

③先进的汽车控制系统 AVCS

AVCS 的目的是开发帮助驾驶员实行车辆控制的各种技术，从而使汽车行驶安全高效。AVCS 领域包括对驾驶员的警告和帮助、障碍物避免等自动驾驶技术。实际上，AVCS 具有长期的潜在效益，同时也对汽车工程、电子工程等部门提出了最大挑战。

④营运车辆调度管理系统 CVOM

CVOM 实质上是运输企业应用 ITS 技术来谋求最大效益的一种调度系统，例如车辆自动识别技术，车辆自动定位技术等。其目的是，提高企业内部劳动生产率，增加安全度，改进突发事件的反应能力，改善车队管理和交通状况。

⑤公共交通系统的有效利用及运营管理系统 APTS

当前，美国、日本、澳大利亚及欧洲的一些国家对 ITS 的研究已经取得了一些阶段性的成果。例如，日本正在加紧研制的新型公路交通系统，把光纤通信网同公路运输业有机地结合起来，使汽车和公路之间的信息传递水平达到一个新的高度，从而可以有效地减少和避免交通事故、车辆堵塞和环境污染等问题的产生。

据报道，日本的高速公路交通系统建设将分 3 个阶段：

第一阶段将在公路两侧埋设光纤管道，从地面以下发出无线电波，为驾驶员随时提供交通事故、车辆堵塞、车速限制、所需时间以及目的地情况介绍等信息。

第二阶段将研制不用停车的自动收费系统，以提高道路收费的效率。

第三阶段将研制防止车辆脱离车道的危险警报装置和防止车距过近的自动减速装置，最终完成全自动运转装置的研制，以最大限度地提高运输效率，确保交通安全。

目前，第一阶段的工程已经启动，计划到 2000 年前后，在都、道、府、县级以上的 15 万公里的公路下面，铺设装入光纤的管道。在 2010 年以前，完成全国的光纤网的建设。

另外有些国家正在研制一种电子装置，可以通过卫星向汽车发射高频无线电信号，通报前方道路有无堵塞、该车所处方位以及周围的地理交通图等。这些信息都可以清楚地显示在驾驶座位前的荧光屏上。如果驾车人把要去的地点和行车路线事先输入电脑，该系统就会自动为汽车导向。

为适应智能运输系统的需要，21 世纪汽车的最大变化是车载计算机与新型通信手段的采用，包括汽车电话、数据通讯、图像通讯等，成为真正的计算机汽车。

客流交通量会因人们收入水平的提高和价值观的多样化而大幅度增加，人们对客流运输的要求会更高。物流交通则因产业结构的变化、地方性产品的发展而发生变化，货运量也许将停止增长。高速公路、高速铁路、飞机将成为 21 世纪并存的主要高速交通工具。

有人把高速公路的发展分为三代：

第一代高速公路，着眼于道路线形设计、结构设计、力学计算等道路本身的建设。

第二代高速公路：重视道路本身以外的附属设施、休息设施、环保设施、管理设施等，使道路的功能得到更充分的发挥，使高速公路行车更加舒适。

第三代高速公路：将着眼于道路的多功能利用，不仅使用路面，还要使用空间（空中及地下），21 世纪的高速公路将真正进入第三代，成为信息时代的高速公路。这样，高速公路不仅具有运输人和物资的固有交通功能，还能输送电力等能源和各种信息，再加上道路派生出来的环境美化及其他建筑物的基础等空间功能，高速公路将成为真正的多功能道路。

21 世纪的高速公路仍将以车在路上跑为主，但至少在隧道、海底隧道等大气污染处理困难的地段上，将出现公路载着汽车像皮带运输机似的前进方式，即使在路上跑的车辆，也绝非仅靠方向盘和踏板操纵，而是将大量地依靠交通信息和车载电子设备，由道路指挥车子前进。21 世纪将出现自动驾驶系统，依靠无线感应使汽车保持一定的车间距离，在规定的车道上安全行驶。

新建的高速公路将有更高的标准，旧路罩面将以现场再生为主，沥青与水泥仍将是主要的筑路材料，但可以通过一些物理的和化学的方法改善材料的性能和道路的质量，同时新的筑路材料也将不断出现。路面的结构设计更加科学合理。计算机自动设计将使线形更加合理。被旧的高速公路破坏了的自然环境将逐渐恢复，而新的高速公路将作为美化景观的设施出现。像蜘蛛网似的竖在道路上方的架空线将转入地下。

总之，21世纪的高速公路以及由人、车、路组成的交通系统将出现一些质的变化，其变化速度将是历史上任何一个时期所无法比拟的。

2. 我国公路的科技水平

改革开放以来，我国的公路科技水平有了很大提高，许多新技术、新工艺、新材料、新结构、新设备得到了充分应用，绝大部分技术达到了当代国际先进水平。据估测，我国公路科技总体水平“八五”末为0.42，2000年时将达到0.45左右。我国科技进步对交通经济增长的贡献率1995年平均为30%，到2000年时估计将达到40%左右。当前和今后一段时期我国公路研究的主要方向有以下几个方面。

①**公路地理定位系统**（GLS）

传统的公路参照系统，是按单一路线排列的，只能反映路线自起点至终点的里程桩号，不能真实直观地反映和描述公路网的概念和信息。公路地理定位系统，使公路里程桩号与大地坐标建立对应关系，实现路网信息与地理信息间的数据转换和传输。公路地理定位系统的建立是对传统的公路参照系统的发展和扩充。这一技术将使公路管理步入网络管理的新阶段。

建立路网地理定位系统是现代化公路管理技术发展的必然要求。管理技术的更新具体表现为：建立综合信息系统（如公路数据库)，开发高层应用模型，实现公路产业信息化等等。里程桩系统作为描述和连接公路信息的手段已不能满足技术发展的新要求，其明显缺陷在于沿单一路线排列，没有网络概念，而现代化的公路管理是准确便捷地定义路网，确定路线间的空间位置关系，以迅速准确地描述路网信息，便于分析研究。因此，建立公路网地理定位系统是从事公路网现代化管理的基础。

公路地理定位系统的实施目的是：建立里程桩系统与大地坐标系统的对应关系，由于大地坐标系统是一个公共的信息交换系统，这种对应关系的建立使公路网不再是单一封闭的空间构造，而是能与周围地理环境，相关行业信息建立广泛联系的开放的空间体系，可实现系统间数据的转换、传输。这一互通的基础数据环境，将成为公路现代化管理的有力手段。

由于任何地形图所描绘的路网与实地路网都存在一定差异，比例尺越小差异越大，一般采用1:2.5万比例尺数字化路网图。

现状路网本身的各类数据，因路线历史变迁、测量误差等多种因素的影响，已不再是绝对准确的数据。尤其是在路线里程方面。

因此建立公路定位系统的原则和方法是：以现状路网数据为基础，将数字化路网图与其拟合为一体。不追求对路网的精确表现，而追求图与现实状况的吻合度，吻合度越高，数字化图越具有可行的实际应用意义和可靠的应用效果。上述原因和方法也是建立地理定位系统的指导思想。

关于公路地理定位系统中路网高程的控制问题，专家们认为这是一项投资较大的工作，它无异于建立一个小区域大地三角高程控制网。目前，公路定位系统对路网高程的控制是通过平面位置的控制和转换来实现的，即当路线平面位置在图上被准确定位后，路线上每一点的高程也被相应的定位。因此定位系统对路网高程的控制，目前实际上是高程位置的控制。

②柔性路面

沥青路面是我国最常用的一种路面结构。对于这种路面的结构设计，我国经历了凭经验决定路面厚度，到以线弹性理论为基础的综合设计的发展过程。现行的设计规范在理论计算方面将路面视为多层的线弹性体系，即各层在水平方向无限大，垂直方向具有一定的厚度，材料为均值各向同性，并在此基础上利用线弹性理论，考虑荷载综合效应，建立了以路表回弹弯沉值（弯沉就是在标准车轮荷载作用下，路面整体结构所产生的总垂直变形；车轮荷载离开后能逐渐恢复的变形部分称回弹弯沉）为设计指标，路面面层和各整体性材料层底面的弯拉应力为验算指标的三层体系（多层体系换算为三层体系）设计方法。在现行的路面结构设计中存在的问题是：对各项设计参数均采用定值，对很多具有不确定性和变异性的因素未作充分考虑，而是采用“安全系数”和“保证率”予以修正。显然“安全系数”和“保证率”并不能真正反映出路面结构实际的安全储备，且其取值时主要基于以往的经验，带有很大的随意性和主观性，缺少科学依据。

目前，根据可靠性理论来考虑设计参数变异性等不确定性影响的结构可靠性设计方法成为各国工程结构设计方法的发展趋势。我国公路界正在进行沥青路面结构可靠度研究。

沥青路面结构可靠度可简单定义为：在正常设计、正常施工和正常使用条件下，沥青路面在累计标准轴次表示的设计使用期间不产生破坏的概率。

沥青路面结构的可靠性分析需要解决两方面的问题。一是理论分析，包括可靠性分析的极限状态方程，可靠度或可靠指标计算方法的选定，确定实际弯沉和实际弯拉应力的变异性和概率分布。二是设计参数的测试、搜集、整理和分析。设计参数的内容包括交通参数的变异性和概率分布，结构参数（即土基回弹模量、路面结构层材料回弹模量、有机结合材料的抗弯拉强度或劈裂强度和抗压强度、路面各结构层厚度）的变异性和概率分布。在可靠度研究中，对不确定的设计参数的统计分析是一项十分重要的基础工作，无论是交通参数或结构设计参数，都应广泛地对实际路面工程进行调查，收集的基础数据越多越好。在此基础上才能得出变异系数的范围和概率分布类型，提出沥青路面各结构设计参数高、中、低三个变异水平，为可靠度设计提供依据。

由于我国高速公路建设刚刚起步，大部分高速公路的使用时间只有 3 年—5 年，尚未达到使用期限或大修期。因此，沥青路面结构可靠度理论在实践中的验证还需要较长的时期。此外，关于弯沉指标可靠度与弯拉应力指标可靠度的相关性问题、多层路面（4 层以上）结构体系显示化公式的推导等问题，还需要进一步研究。

③水泥混凝路面

由于我国沥青资源的限制，以及水泥混凝土路面具有优化资源配置、适应恶劣水文地质环境、具有良好的耐水性能和在高等级公路建设上投资省、经济效益好等特点，近年来，我国水泥混凝土路面发展十分迅速，水泥混凝土路面的在建规模达 3000 公里至 4000 公里。在设计和施工方面，在传统的摊铺法施工的基础上，发展了碾压式混凝土路面（RCCP）和滑模摊铺水泥混凝土路面等设计、施工新技术。

碾压式混凝土路面的设计理论认为，由于这种路面采用振动碾压施工工艺，碾压混凝土面层与半刚性基层层间联结已不是简单的滑动接触问题，所以普通水泥混凝土路面以弹性半空间地基薄板小挠度理论[①] 为基础的设计理论已不能适用于碾压式混凝

---

① 一方面把混凝土面板看成是弹性板体，另一方面认为板体在垂直荷载作用下产生的挠度很小，因而支撑它的基层和土基的变形也很小，可以认为是一个弹性地基。因此将整个路面结构看成是弹性地基上的弹性板。

土路面结构。专家们指出，在车轮荷载作用下，碾压式混凝土路面板与半刚性基层间是处于一种粘结状态。提出了应用空间有限元理论与弹性半空间体解析解相结合的方法，首先将半刚性基层与碾压式混凝土面层视为弹性半空间地基上带夹层的双层弹性体，并根据室内外 RCCP 路面板推移试验实测结果和联结状态对荷载分析的结果，确定碾压式混凝土面层与半刚性基层间联结状态，然后以弹性半空间地基上有限尺寸的三层弹性体力学模型进行荷载应力分析，并提出 RCCP 结构荷载应力计算方法。

从施工角度讲，碾压式混凝土路面是采用沥青混凝土路面施工机械，将用水量很小的水泥混凝土摊铺、碾压成型的新型混凝土路面。它兼有沥青混凝土路面施工方便、快速开放交通和水泥混凝土路面高强、稳定、耐久的优点。在施工方面，我国开展了材料及其配合比、施工机械的选型配套、施工技术和工艺参数、施工组织、质量检测和控制技术、接缝技术和抗滑技术等专题研究，形成了成套实用的技术体系。

现在，这种混凝土已经发展到双层式路面结构，即下层为水泥混凝土（RCC）、上层为沥青混凝土（AC），因而又称其为 RCC + AC 路面。这种路面集 RCC 与 AC 各自的优点于一体，刚中有柔，以刚为主，刚柔相济，有效地解决了 RCC 抗滑、耐磨、平整三大难题。在 RCC + AC 中，由于 RCC 层的独特位置，RC 组成材料要求可以低于单纯 RCC 路面中的组成材料。由于适当放宽了材料限制，可以利用路线沿线的各种可利用料源，就地取材。这样，既可扩大料源、降低运费、减少造价，又可以改善环境。

滑模摊铺水泥混凝土路面施工方式是当代世界上最先进、最现代化的大型机械化施工方法，它具有机械化程度高、工人劳动强度低、施工速度快等优点。据有关专家测算，与采用进口沥青修筑高级沥青路面相比，滑模摊铺水泥混凝土路面节省建设投资最多可达39%。即使在水泥价格较高的省份，修筑高等级公路滑模摊铺水泥混凝土路面的长期使用投资也仅为沥青路面的一半左右。建设滑模摊铺水泥混凝土路面与人工小型机具施工的经济性相比，前者施工设备投资多，大容量混凝土搅拌站规模大、建站费用高。因此，满足滑模摊铺水泥混凝土路面的经济性要求的工程规模应不小于10公里长度的高速公路。

滑模施工主要研究的问题是成套施工机械设备；其次是要求混凝土原材料的配合比设计满足滑模摊铺的振动粘度或塌落度的要求，保证路面不塌边和麻面；然后还要满足力学性能的要求：如抗折强度，抗压强度，抗折弹性模量，干缩变形、耐久性、抗磨性、抗冻性等。

④公路路基

近10年来，随着高等级公路的建设与发展，作为公路主体工程的路基，在设计与施工方面也取得了很大的进步。采用先进的勘察、测量手段为公路路基设计提供了可靠的技术资料，公路路基综合稳定技术研究取得了可喜的成果。岩土工程技术的发展，对路基岩土的利用、整治或改造提供了科学依据，并反映在路基的设计与施工方面有关的规范之中。由于工程实践的需要，软土路基、高塑性粘土路基、膨胀土路基、盐渍土路基等特殊路基得到了充分的研究；一大批用于路基工程的新材料有：土工布、土工格栅、高强塑料网、塑料排水板、加劲软式透水管、软硬塑料排水管、草坪植生带、轻质填料、NCS等土壤固化材料；新的工程机械有：大吨位振动压路机、加固土拌和机、塑料排水板插板机、土工布沉铺机、深层粉体搅拌成桩机。路基施工的新技术方法有：粉体搅拌法、塑料排水板法、锚固技术、喷锚支护、轻质路堤、网箱席垫、加筋土技术等，这些技术得到了充分的开发和引进，同时，为这些新技术服务的各类岩土工程公司、岩土防护工程公司、土工材料制品公司、土工机械制造公司，绿化公司也不断地建立和发展起来，为路基工程科技进步和工程建设创造了良好的条件。

⑤勘察设计现代化

勘察设计技术现代化的主要特征是，航测技术的应用在我国已初具水平，它对选线与方案论证起到了重要作用。另外，在路线与路面、桥梁结构上，一批软件得到了应用，大大提高了设计质量和水平，并节省了30%左右的时间，工程造价降低10%至15%左右。特别是各种CAD程序的开发应用，为公路建设产生了更多的效益。

⑥规划评价理论

我国已经制订出15年公路网规划与30年中长期的公路网规划。这些规划的主要特征是：规划编制的模式比较科学，构成规模的基本要素比较合理。例如，除了交通量因素外，还有车道的饱和度、网速度、事故率及运输成本等指标。近年来，在规划中还考虑到了环境的影响，使规划的整体内容更加完善、合理；对规划的评价也相当重视，特别是把规划的质量摆到突出位置，在国际上也是罕见的。

⑦现代施工技术装备

目前，我国高等级公路施工和设备应该说是处于国际水平。它的特征并非是一台设备，而是由多条施工生产线组成的生产线群，有运输生产线、拌和生产线、摊铺与压实工艺生产线等。生产线群的应用，使公路施工进度与施工质量得到了保证。

⑧项目管理

国际通用的“菲迪克（FIDIC——即国际咨询工程师联合会标准合同条件）条款”在我国得到了普遍应用。尤其是在我国高等级公路建设上，普遍推行了工程监理制度，它是“条款”的重要组成部分。这一制度的应用，对确保工程质量和施工进度具有重要意义。而且，目前在其他公路上也采用了“范本”，即

FIDIC条款的中国化，使我国公路建设管理纳入了国际通用程序的范围，也可以说，在这方面与国际接上了轨。目前我国已实施了施工自检、工程监理和政府监督的三级质量管理体系。其次，我国建立了竞争性招投标机制，它是FIDIC条款的又一重要组成部分，使公路建设经营活动进入了市场经济的轨道，由此产生了不可估量的经济效益。

⑨路面新材料

路面材料取得了以下几方面的成就：粉煤灰以其良好的温稳性和水稳性被成功地用于我国高等级公路的基层；国产重交通沥青“七五”攻关成果达到了新加坡沥青（壳牌）的性能，应用前景广阔；为增加沥青对酸性石料的粘结力而研制的抗剥落剂已大量应用，推广前景良好；固化剂材料成功地应用于软土路基；以增加其强度，据测算，能增加强度20%，降低材料费用约为15%。

⑩公路管理

本着“科学技术是第一生产力”的指导思想，培养了一大批高素质的公路管理人才，同时还研制了一批公路管理软件，如道路、桥梁评价养护管理系统、交通控制系统、公路收费系统（包括养路费征收系统）、汽车运输调动管理系统、自动化检测系统等等，为公路管理现代化奠定了基础。

尽管我国公路科技水平近几年有了很大提高，但与发达国家相比还有很大差距。美国于1995年完成了州际高速公路建设计划，目前已经将工作重点转移到养护工作上来。

目前，世界各发达国家均集中大量人力、物力、财力，采用多种高新技术，研究建立“智能车路系统”。日本和欧洲在这方面动手较早，从80年代后期开始进行。美国起步较晚，但进展较快，后来居上。1994年，美国联邦公路管理局正式与“通用汽车”和“马丁马里亚达”为主的研究集团签订了一个超大型合约，涉及60多个单位，到1997年建成第一条自动高速公路系统试验路。

目前世界上已形成北美（美国、加拿大）、欧洲（19个国家参加）和日本（单独进行）三大研究集体。每个集体均组织了跨部门的上百个企业、高校和研究机构，积极进行各项子系统的开发研究，预计将在21世纪初实现。这是21世纪前半叶公路将实现的方向性技术，它既安全，又经济，将根本改变公路的技术面貌。在公路发展总体水平上，美国目前估算参数为0.80左右，我国大致只是它的一半，差距还很大，因此，还必须在今后的科技工作中，努力发展自己，才能使我国公路在国际上达到技术领先地位。

3. 未来的中国公路

形成强大的公路网，规模与质量达到国际水平。

交通部、建设部和国家计委已经联合编制出我国公路、城市道路等方面的“九五”建设计划和2020年长远规划。描绘出公路建设的未来宏伟蓝图：在进一步提高路网密度，特别是通过加快中西部欠发达地区县级公路、扶贫公路建设，以及公路通达密度（增强高速公路、干线公路的辐射功能）的同时，集中力量建设国道主干线系统的“两纵两横和三条重要公路”。交通部提出到2020年建成国道主干线和公路总里程达到200万公里的发展战略。

到21世纪中叶，我国公路网发展将基本定型。在省内，高等级公路联系省地与地区，二级公路联系地市与县，三级公路联系县与乡区，并实现村村通公路，在省际之间，由高等级公路相联系，并数省相通；大力发展国际高速公路，使我国公路成为世界公路网中的一部分。

高等级公路的智能化将达到国际先进水平。

建立公路专用通讯系统，它不仅仅是用作电话、电信服务，更主要的是为公路建设、养护管理、交通管理及运输管理等多方面进行计算机管理的数据传输服务。为保证有足够的信息通过量，按日本的经验，其主干线应沿公路干线铺设光缆。

建立交通管理信息系统和安全救助系统，对公路交通实行现代化管理，即平时、战时、灾时、肇事时……气候恶劣等特殊情况下快速指挥和快速疏导。

在交通部与省地之间建立分级计算机管理信息系统和公路数据库，使公路信息高速传输，随时可以从计算机中调出公路建设、养护、营运等资料，使公路信息进入国际因特网（internet)。

建立“智能车路系统”的专门研究机构，开展“自动高速公路”的研究，使计算机技术（包括 CAD 技术）和仿真技术在公路的各项技术工作中得到广泛应用。

公路建设实现现代化。

可行性研究的评价模式将与国际接轨。在勘察设计中应用航空遥感技术（RS)、卫星定位技术（GPS）和地球信息系统(GLS)，推进公路勘察设计的现代化进程。

施工与养护实行机械化。大型的配套施工机群联合作业，极大地缩短工期，确保工程质量。特别是高密度自动找平摊铺机的开发应用，压路机将被淘汰，大型施工机械发生革命，并组建快速修复反应部队，保证公路畅通无阻。

组建现代化的工程质量监理系统和检测系统，有效地减轻劳动强度，提高工程质量，并排除人为因素的干扰。

公路环境保护得到重视。公路环境达到国际先进水平。我国高等级公路将建设成为壮观宏伟、绚丽多姿的带状公园。在其环境系统中，既有带状线形系统、块状建筑群体，又有景色宜人的人文景观。

防治交通噪声的多种技术和综合治理方法得到全面应用，低污染和无污染的汽车得到开发和应用，如公路噪声屏障、减噪路面、降低路体、设置缓冲区、电动汽车、燃气动力车等。使公路建成后能对噪声敏感区和空气污染区采取有效的防护措施。

提出适合我国国情的公路建设环境影响评价方法、范围及评价标准，真正做到在公路建设的可行性研究阶段进行环境影响评价，使环境影响评价报告书成为公路选线方案和设计的重要依据之一。

公路规划、设计、施工、养护以及营运技术人员的环境意识将有更大增强，并建成一支环保队伍。

总之，我国高速公路将与国际高速公路发展事业一道，以崭新的面貌进入新的世纪。

主要参考文献

1. 郭振英、唐学军主编:《腾飞之路》，中国言实出版社，1996年。

2. 姚祖康编著:《运输工程导论》，同济大学出版社，1996年。

3. 谭诗樵主编:《高等级公路管理》，中国建筑工业出版社，1992年。

4. 中国公路学会道路工程委员会、北京市公路局编:《1996年道路工程论文集》。

5. 李宇峙主编:《公路工程概论》，华中理工大学出版社，1995年。

6. 胡智庆、郁冠中主编:《道路交通安全指南》，金盾出版社，1992年。

7. 张廷楷主编:《高速公路》，人民交通出版社，1990年。

8. 沈金安编:《高速公路》，中国科学技术出版社，1991年。

9. 成从修编:《高速公路路线设计》，人民交通出版社，1992年。

10. 王亚军、江永贝编:《高速公路行车指南》，机械工业出版社，1995年。

11. 梁富权主编:《道路工程》，人民交通出版社，1996年。

12. 陈精徽著:《高速公路之设计》，台湾科技图书股份有限公司，1979年。

13. 朝霞、王庆华著:《成渝路边"新星"灿烂》，中国交通报，1999年1月27日。

14. 杨文银等:《公路投资对国民经济的拉动作用有多大》，中国交通报，1998年6月6日。

图书在版编目(CIP)数据

高速公路:社会经济的快车道/陈传德著.—3版.—太原:山西教育出版社,2012.1
(科学前沿丛书/甘师俊,陈久金主编)
ISBN 978-7-5440-5051-7

Ⅰ.①高… Ⅱ.①陈… Ⅲ.①高速公路-普及读物 Ⅳ.①U412.36

中国版本图书馆CIP数据核字(2011)第182420号

高速公路:社会经济的快车道
GAO SU GONG LU SHE HUI JING JI DE KUAI CHE DAO

责任编辑 郭志强
复　　审 薛海斌
终　　审 刘立平
装帧设计 王耀斌
印装监制 贾永胜

出版发行 山西出版传媒集团·山西教育出版社
(太原市水西门街馒头巷7号 电话:0351-4035711 邮编:030002)
印　　装 山西人民印刷有限责任公司
开　　本 850×1168 1/32
印　　张 5.5
字　　数 132千字
版　　次 2012年1月第3版 2012年1月山西第1次印刷
书　　号 ISBN 978-7-5440-5051-7
定　　价 11.00元

如发现印装质量问题,影响阅读,请与印刷厂联系调换。电话:0358-7641044